Im Mai 1998 jährt sich die Gründung Israels zum 50. Mal. Aus diesem Anlaß haben 21 national und international renommierte Autorinnen und Autoren, angestiftet vom Herausgeber Micha Brumlik, ihre ganz subjektiven Gedanken und Empfindungen anläßlich dieses Jubiläums niedergeschrieben – ohne Rücksicht auf politischen Proporz, auf die Mitautoren und auf akademische Spielregeln. Entstanden ist so ein spannungsvolles Geflecht von Essays, wie sie unterschiedlicher gar nicht sein könnten: Es gibt in diesem Band heitere, optimistische Visionen, verzweifelt-hoffnungsvolle Appelle, resignative Mahnungen und ratlos-paranoide Phantasien. Dies alles in der Form von Briefen, Erzählungen, Miniaturen, wissenschaftlichen Vermutungen, Gedichten und Polemiken. Unverbunden nebeneinander steht die Liebeserklärung an den Staat der Juden mit scharfer Kritik an seiner politischen Praxis. Allen Texten gemeinsam allerdings ist die Unsicherheit und Zerrissenheit angesichts der Bewährungsprobe, der der Friedensprozeß derzeit unterworfen ist.
Alle Texte bis auf drei sind eigens für diesen Band verfaßt worden.

*Micha Brumlik*, geboren 1947 in Frankfurt am Main, ist Professor für Erziehungswissenschaften an der Universität Heidelberg und einer der originellsten politischen Köpfe der Bundesrepublik sowie eine vielbeachtete jüdisch-deutsche Stimme in unserem Land. Brumlik ist Autor zahlreicher Bücher (im Fischer Taschenbuch Verlag: ›Schrift, Wort und Ikone‹ [Bd. 12257]).
Biographische Angaben zu den einzelnen Autoren finden sich am Ende des Bandes.

*Mit Beiträgen von*
*Wolf Biermann,*
*Maxim Biller,*
*Detlev Claussen,*
*Dan Diner,*
*Ralph Giordano,*
*Susannah Heschel,*
*Jakob Hessing,*
*Stefan Heym,*
*Peter Stephan Jungk,*
*Nadja Klinger,*
*Cilly Kugelmann,*
*Friedrich-Wilhelm Marquardt,*
*Gabriel Motzkin,*
*Peggy Parnass,*
*Julius H. Schoeps,*
*Valentin Senger (†)*
*Dorothee Sölle,*
*Michael Walzer,*
*Markus Wolf,*
*Moshe Zimmermann,*
*Moshe Zuckermann*

# Mein Israel

*21 erbetene Interventionen*

*Herausgegeben und eingeleitet*
*von Micha Brumlik*

*Die Beiträge von*
*Susannah Heschel,*
*Gabriel Motzkin und*
*Michael Walzer*
*wurden aus dem Englischen*
*übersetzt von*
*Ilse Strasmann.*

Fischer Taschenbuch Verlag

*Valentin Senger zum Andenken*

Lektorat: Oliver Thomas Domzalski

Originalausgabe
Veröffentlicht im Fischer Taschenbuch
Verlag GmbH,
Frankfurt am Main, April 1998


Gesamtherstellung: Clausen & Bosse, Leck
Printed in Germany
ISBN 3-596-13938-4

*Inhalt*

# *Einleitung*

*Micha Brumlik*

## *Micha Brumlik*
### *Ein Unort*

Sie habe sich – so berichtet ihre Biographin – während des für Israel triumphalen Junikrieges 1967 aufgeführt wie eine Kriegsbraut. Hannah Arendt, die als junge Frau am Ende der Weimarer Republik »nationaljüdisch« dachte, in den ersten Emigrationsjahren in Frankreich für die zionistische »Jugendalyah« arbeitete und in ihrem Werk über die Ursprünge totalitärer Herrschaft grundsätzlich den Nationalstaat als Garanten der Bürger- und Menschenrechte ansah, schwankte Zeit ihres Lebens zwischen Ablehnung und Zuneigung für den jüdischen Staat. Als sich – mitten im Zweiten Weltkrieg und in Reaktion auf den Genozid an den europäischen Juden – die zionistische Bewegung innerhalb und außerhalb Palästinas in ihrem »Biltmore-Programm« unwiderruflich auf den Weg der Staatsgründung einließ und sich damit von allen binationalen, sozialistischen Utopien verabschiedete, kritisierte Arendt scharf wie wenige andere die nationalistische Verengung eines für sie verheißungsvollen Emanzipationsprogramms. Was alle Völker und Religionen legitimerweise anstreben durften, einen Nationalstaat – den Juden sollte er versagt bleiben. Und dennoch: In den »Ursprüngen und Elementen totaler Herrschaft« läßt sie keinen Zweifel daran, daß es zionistische

Einstellungen waren, die jene Juden, die den Nationalsozialisten entronnen, gerettet hatten. In Arendts lebenslangem Schwanken artikuliert sich jedoch nicht nur das Dilemma des liberalen deutschen Judentums, das in weiten Teilen einem Menschheitsuniversalismus anhing und durch die Zeitläufte gezwungen war, seine Hoffnungen zugunsten des eigenen Überlebens zu revidieren, sondern ein allgemeines Dilemma linker Intellektueller in diesem Jahrhundert. Wo Hannah Arendt schwankte, ließ Jean-Paul Sartre, bekanntlich kein Jude, nie einen Zweifel an seiner Solidarität mit dem jüdischen Staat, einer Solidarität, an der er auch und gerade dann festhielt, als spätestens nach 1967 deutlich wurde, daß der Juden Staat jedenfalls nicht nur klein und schwach, seinen feindlichen Nachbarn unterlegen und mehr oder minder sozialistisch war. In den Debatten um Israel und den Zionismus artikulierte sich das Dilemma linker, jüdischer und nichtjüdischer Intellektueller in diesem Jahrhundert: die Spannung zwischen Universalismus und Partikularismus, konkreter Parteinahme und allgemeinen Prinzipien, Verantwortung für die antisemitische Struktur der eigenen Gesellschaft und beanspruchter Verantwortung für die ganze Welt. Diese Spannung mußte im Nachkriegsdeutschland den Boden zum Brechen bringen. Die wechselhafte Geschichte der deutschen Linken – der alten und der neuen – belegt das eindrücklich. Von den jahrelangen Forderungen des SDS an die liberalkonservativen Regierungen der frühen Bundesrepublik, den Staat Israel diplomatisch anzuerkennen, über die schlagartige Umkehr der Sympathien, als die Springerpresse 1967 den wiedergeborenen Rommel, den neuen Wüstenfuchs Mosche Dayan, bejubelte, bis zum Engagement von Teilen des deutschen Linksterrorismus auf der Seite palästinensischer Flugzeugentführer, das seinen unrühmlichen Höhepunkt in der Aussonderung jüdischer Passagiere auf dem Flughafen von Entebbe fand – die Schlingerbewegungen wollten kein Ende nehmen. Als während des zweiten Golfkriegs 1991 Günter Grass – stets ein treuer Freund Israels – und der israelische Schriftsteller Yoram Kamiuk, ein entschiedener Exponent des israelischen Friedenslagers, über Sinn und Unsinn eines prinzipiellen Pazifismus vor dem Hintergrund der deutschen Geschichte und angesichts der realen Bedrohung Israels durch irakische Giftgasraketen stritten, war die Sprachlosigkeit vollkommen. Hier stießen historische Erfahrungen und lebenslang gewachsene Wertungen aufeinander, die nicht mehr zu vereinbaren waren. Im zweiten Golfkrieg offenbarte sich, daß die beiden Forderungen »Nie wieder Auschwitz« und »Nie wieder Krieg« jedenfalls in Deutschland keineswegs immer gleichzeitig gelten konnten.

Seither ist es auffällig still um Israel geworden. Zwar verfolgte die deutsche Öffentlichkeit den Mord an Yitzhak Rabin mit großer Erschütterung, zwar laufen die Partnerschaften zwischen deutschen und israelischen Städten weiter, zwar findet neuere israelische Literatur immer größere Leserkreise in Deutschland, aber: die fatale Politik der Regierung Netanyahu findet kaum noch Erwähnung und provoziert keinen Streit mehr – nicht einmal die ebenso zutreffende wie geschäftsmäßige Feststellung des deutschen Außenministers Kinkel, daß Israel mit seiner Siedlungspolitik das Völkerrecht verletze, hat irgendeine – zustimmende oder ablehnende – Resonanz hervorgerufen. Es scheint, als habe die hiesige Öffentlichkeit etwas zu gut verstanden, was ihr jahrelang mit guten Gründen mitgeteilt wurde: daß Deutsche des Nationalsozialismus wegen – nein, nicht etwa schweigen, sondern – überlegt und historisch sensibel reagieren sollten; und daß der Nahe Osten ohnehin nicht zur Einflußsphäre Westeuropas, auf keinen Fall Deutschlands, sondern eben der USA gehöre. Herausgeber und Verlag waren sich darin einig, daß taktisches Schweigen und kluge Abstinenz sehr viel verraten mögen, aber eben keine sinnvollen Lernprozesse. Zudem waren und sind wir davon überzeugt, daß sich hinter dem Schweigen keineswegs nur Ratlosigkeit oder Verlegenheit verbergen, sondern eine Gleichgültigkeit, die mehr feindselige Züge trägt, als sie einzuräumen bereit ist. Die Politik der gegenwärtigen israelischen Regierung – daran kann ein vernünftiger Zweifel nicht bestehen – ist so völkerrechtswidrig wie kriegstreiberisch, so unsympathisch wie unmoralisch. Daß hundert Jahre nach Theodor Herzls – in seinem Tagebuch vorweggenommenen – Gründung des Judenstaats und fünfzig Jahre nach der Gründung des Staates Israel dort ein Premier regiert, der das zionistische Erbe ebenso verspielt, wie er die internationale Gemeinschaft Mal um Mal brüskiert, steht jeden Tag in der Zeitung. Ist eine grundsätzliche Solidarität mit dem Staat Israel bei schärfster Ablehnung seiner gegenwärtigen Politik denkbar?

Diese Frage läßt sich – nach Jahrzehnten einer mehr oder minder fruchtbaren Internationalismus- und Verantwortungsdebatte – nicht durch abstrakte Reflexionen beantworten, sondern nur durch einen genauen Blick darauf, was Israel für politisch denkende Menschen in ihrer eigenen Lebensgeschichte bedeutet. Wir haben deshalb – unter Verweis auf Arendt und Sartre – mehr als hundert Wissenschaftler, Publizisten und Schriftsteller, Männer und Frauen, Juden und Nichtjuden, in Westeuropa, den USA und Israel mit der Bitte angeschrieben, unter dem Titel »Mein Israel« zu publizieren, was sie heute zu Israel – vor dem Hintergrund ihrer persönlichen Erfahrungen – mitteilen möchten. Der vorliegende Band versammelt die Antworten, die auf jene mehr als hundert Anfragen eingingen. Dabei wird erstens deutlich, daß die Kluft zwischen Deutschland und Frankreich immer noch so groß ist, daß kein einziger der französischen Autoren geantwortet hat. Außerdem fällt auf, daß sich die wenigen Politiker, die angeschrieben wurden, gleichermaßen verweigert haben. Vor allem aber sticht ins Auge, daß sich von den angeschriebenen Intellektuellen denn doch vor allem Jüdinnen und Juden zu Wort gemeldet haben – die wenigen Nichtjuden, die einen Beitrag einsandten, haben dies im Geist protestantischer Aufrichtigkeit getan. Selbstverständlich: schon die Auswahl der Angeschriebenen war in gewisser Weise verzerrt: Ältere Jahrgänge überwogen ebenso deutlich wie linke und liberale, sozialwissenschaftlich interessierte Wissenschaftler und Publizisten. Aber immerhin: mit Ausnahme der schon anderweitig publizierten Beiträge von Wolf Biermann, Stefan Heym und Nadja Klinger präsentiert der vorliegende Band nur Originaltexte. Auch andere, vor allem ältere Kontrahenten boten an, bereits Veröffentlichtes zum Abdruck bereitzustellen. Da wir es ihnen nicht ersparen wollten, sich unmittelbar und neu zur gegenwärtigen Situation zu äußern, haben wir ihre Angebote respektvoll abgelehnt.

So blieb mir das schwierige Vergnügen, die eingegangenen Artikel zu ordnen – nach jenen Gesichtspunkten, die mich interessierten, und nicht nach irgendeiner übergeordneten Logik. Die hier präsentierte Reihenfolge ist ein möglicher Lektürevorschlag, mehr nicht. Er beginnt und endet mit sehr persönlichen Reisereflexionen: Zu Beginn denen einer jüdischen Frau der achtundsechziger Generation und zum Abschluß denen eines jüdischen Mannes, dessen Sicht auf die Welt sich in den achtziger Jahren artikuliert hat.

Im zweiten Kapitel, »Aus Deutschland«, habe ich – ob das legitim ist und den Autoren nicht Unrecht tut, wäre einen Streit wert – die Beiträge der nichtjüdischen Verfasser versammelt, während im dritten Kapitel, »Aus der Diaspora«, der die weitaus meisten Beiträge enthält, die Perspektiven von Jüdinnen und Juden aus Deutschland und den USA zu lesen sind. In diesem Abschnitt findet sich auch die letzte Publikation des Frankfurter Autors Valentin Senger, eines jüdischen Kommunisten, der im Versteck in Frankfurt den Nationalsozialismus überlebt hat und auf einem langen Lebensweg zu einem veränderten Verständnis seiner jüdischen Existenz gelangt ist. Dieser Band ist seinem Andenken gewidmet.

Die politische Lage im Staat schlägt sich im Alltag der jüdisch-israelischen Erfahrung als moralischer Skandal nieder, dem sich bitter zynisch oder skeptisch begegnen läßt. Das vierte Kapitel, »In Israel«, enthält unter anderem die Reflexion eines Autors, der keineswegs der Linken zuzuordnen ist, der aber mit großer Überzeugungskraft die Rationalität des klassischen, des politischen Zionismus herausstellt: Gabriel Motzkin.

Die Lektüre wird schnell die Künstlichkeit der getroffenen Einteilung erweisen. Es wird sich zeigen, in welchem Ausmaß z. B. die israelischen Autoren von der Diaspora geprägt sind und wie sehr auch die Verfasserinnen und Verfasser aus der Diaspora, auch wenn sie keine Juden sind, von häufigen und langjährigen Aufenthalten in Israel zehren. Vor allem aber, und das ist einer der für mich auffälligsten Züge der Beiträge, drängt, jenseits aller Theorie, bei fast allen Autoren immer wieder das Land selbst, Erez Israel, in sinnlichen und bildhaften Beschreibungen zu Wort.

Damit meldet sich nicht nur eine uralte Verheißung in vielfach verhüllter Form, sondern die unter den Sachzwängen heutiger Weltpolitik verdrängte Erinnerung an eine versöhnte Welt, Chiffre einer Hoffnung, eines »messianischen Funkens« (Detlev Claussen), von der zu sprechen sich heute niemand mehr traut. Hinter dem Duft der Zitrushaine des Landes verschwimmen die Schemen von Staat und Politik – das Land Israel, das da und dort ins Wort drängt, ist umkämpftes Schlachtfeld wie ersehnter Unort: eine Utopie.

# I. Ach ja, David und Goliath

*Peggy Parnass*
*Wolf Biermann*

## *Peggy Parnass*

*Ach ja …*

*1983*



In Israel war ich während der heißesten Zeit. Denn weil ich mich Hals über Kopf verliebt hatte, verschob ich meine Frühlingsreise Tag um Tag, Woche um Woche. Lebte, statt wegzufahren, einen ganzen Monat bei meinen Freunden vom Priessenthaler Theaterhof mitten in Hamburg. Mit Oyly in seinem leuchtend roten kleinen Wohnwagen.
Meine Briefe aus dem Kibbuz sind an diese Freunde geschrieben.

***Eyn Hahoresh, 14. Juni***

Ihr Lieblinge,

… Hier im Kibbuz gibt es ein Theater, ein Kino und eine Freilichtbühne. Schon seh' ich spät abends draußen den Proben zu. Auf hebräisch, aber unmißverständlich, weil sehr plastisch gespielt wird. Schon ein Erlebnis, unterm Sternenhimmel, mit den großen Bäumen als Teil des Bühnenbildes. Es kommen auch andere Theatergruppen des Landes her, weil es sich hier besonders gut proben läßt.
Gemeinsames Essen drinnen und draußen. Es gibt die schönsten, frisch geernteten Dinge. Alles leicht, vielfältig, ganz nach Wunsch. Alle Länder der Erde mischen mit.

Komisch, wie das hier alles den Monat bei und mit Euch fortsetzt. Die gleichen Muster sind zu beobachten. Von Zusammenhalt, Hilfsbereitschaft, Ärger, Gruppenintensitäten, Aggressivitäten, Profilierungssucht, Angst umeinander.
Es gibt zwar keinen kleinen gelben romantischen Klowagen wie bei Euch, aber überall sehr saubere, duftende Toiletten. Mit viel Wasser, denn wir waschen ja Knisch-Möse und Schmock-Schwanz umgehend.
Bei 30 Grad und sanftem Wind hab' ich alles unter dem wallenden Schwarzen abgelegt. Dafür trag' ich im Bad mehr als widerwillig den lächerlich kleinen schwarzen Bikini, den ich mir für Israel in Paris kaufte. Fühle mich nackter darin als ohne. Es gibt neuere Kibbuzim, in denen man anfängt, umzudenken. Alles eine Frage der Zeit, wie überall. Nur hier gelte ich jetzt als verworfen. Wenn man sich das vorstellt – drei Jahre Militärdienst, Kriege, ständige Lebensgefahr –, und dann zerbrechen sie sich über meine Moral den Kopf.
Meine Familie sind: mein Bruder Gady, den ich sehr liebe, seine schöne Frau Shlomith, die lebhaften Kinder Keren, Miron und Gil und die wunderbaren Großeltern Lutka und Jeheskul. Jeheskul kann kein R sagen. Also: Miwon, Kewen, Pawnass. Und der kleine Hund heißt Gura. Hätten sich auch andere Namen ausdenken können.
Komisch, Gady in der Nähe zu haben. Sehr charmant, sehr despotisch, sehr eigenwillig. Und dann, gestern nacht, hatte ich einen Alptraum. Versuchte, um Hilfe zu schreien. Gady stand neben meinem Bett und weckte mich. Muß sonst mit meinen Träumen alleine klarkommen.
Ihr solltet die Farben hier mal sehen. Weil der Winter ungewöhnlich lang war, alles noch saftig, üppig, reich. Erdbeeren hinterm Haus, ungewaschen eßbar. Sogar die Hunde haben hier was völlig Verrücktes. Jeder anders. So was Kleines, Zartes, Zusammengeschustertes sieht man sonst nicht mal auf Ibiza. Bin ja wie W. C. Fields, was Kinder und Hunde anbelangt, aber das kann ich hier vergessen.
Treffe hier dauernd auf mich selbst. Verwirrend. Niemand sieht genauso aus wie ich, aber die meisten partiell. So wie bei Ver-

wandten. Mal die Augen, mal das Haar, mal der Mund, die Gesichtsform oder die Figur. Ein bißchen gespenstisch. Gady erzählte mir viel von dem Mann, mit dem er arbeitet. Ein Miet-Mann von draußen. Wir aßen zusammen. Ah, dachte ich, das ist eben der Unterschied zwischen Juden und Arabern. Mordi so rassig, edle Züge, schlank, wach, die schmalen Hände, die blitzenden, klugen Augen. Verwegen. Lederschlapphut wie kein anderer. Fühle mich sofort zu ihm hingezogen. Und bin mal wieder meinen eigenen Vorurteilen aufgesessen. Mordi ist Jude. Hat nur keine europäischen Vorfahren.

Die meisten Alten kommen aus Rußland und Polen. Gady, das Aas, hat mir jetzt eine Sprache voraus, *ivrit*, in der er sich unverstanden unterhalten kann. Früher, in London, war Schwedisch unsere Geheimsprache. Drei Jahre lang. Englisch ist unsere gemeinsame Sprache geworden. Mein Sohn Kim und ich sprechen nur schwedisch miteinander.

Ein alter Sozialist hielt mich unter den blühenden Bäumen an: »Dieses Land ist verloren, wir sind verloren, wenn nicht endlich der Krieg aufhört. Man kann keine Probleme mit Gewalt lösen. Immer mehr israelische Soldaten verweigern den Einsatz. Gehen dafür lieber ins Gefängnis. Neulich war eine Demonstration gegen den Krieg. 500000 kamen. Stell dir vor, eine halbe Million! Das wären auf die BRD hochgerechnet zehn Millionen. Und es ändert nichts. Den Faschisten in der Regierung kann man ins Gesicht spucken, und sie sagen, es regnet. Verzweifeln kann man. Wie haben wir uns damals ein neues Leben, eine neue Welt vorgestellt! Alles, was wir aufgebaut haben, geht kaputt.«

Shlomith sagt, daß die Strafen verschärft sind. Knast statt Dienst, danach wieder Einberufung und weiter Knast, solange du dich weigerst. Keine Erfindung Israels. So haben die Franzosen es immer gehalten und viele andere Krieger auch. Von den Ländern, in denen man an die Wand gestellt wird, wenn man von seinem Recht auf Leben und nicht Morden Gebrauch macht, ganz zu schweigen.

Ich sehe beim Sport zu. Auch so Wurfspiele, wie wir sie mit Wolf Biermann in seinem Garten spielten. Aber wie!! Meisterhaft.

Auch Gady ist Spitze in allen harmlosen Wasser- und Landspielen, hier, wo er sich Poker verkneifen muß. Nächste Woche wird er wieder eingezogen.
Er möchte auch nicht mehr. Er ist Panzerfahrer. Letztes Mal im Libanon ist er in Panik geraten. Wäre fast in eine große Gruppe Leute reingefahren, weil er bedroht war oder sich bedroht fühlte. So kommen die ungewollten Morde zustande. Er *muß* aufhören!
Im Kibbuz lebt auch der große Dichter und Widerstandskämpfer, der den Aufstand im Ghetto Wilna leitete, Abba Kovner. Außerdem mehrere Maler, Bildhauer und Komponisten. Die arbeiten zwischendurch in der Küche, in der Fabrik, bei den Hühnern und in the oranges wie alle anderen auch. Das gefällt mir, daß die meisten so vielseitig sind. Den neuen Fotoapparat erklärte mir ein junger Gott, der hier Kunsterzieher an der Oberschule und Landwirtschaftsexperte ist. Das fand ich ja auch so toll bei Euch, daß jeder da, wo er gebraucht wird, mit anpackt.
Vor neun Jahren, als ich mit Josef hier war, störten mich die Vorschriften meines Bruders nicht so sehr, denn ich war ja nicht allein. Vor drei Jahren hat mich sein Dauerbremsen verrückt gemacht. Ich wollte ganz nach Laune Leute und ihre Schicksale kennenlernen, und er warf sich immer dazwischen. Diesmal hab' ich zur Bedingung gemacht, daß er mir Bewegungsfreiheit läßt. Benehme mich also wie in der Langen Reihe in Hamburg und lerne endlich die jungen und alten Kibbuzniks kennen.
Uns steht ein Drei-Tage-Fest ins Haus. Die Kinder, die jetzt Männer und Frauen werden, werden ganz groß gefeiert. Auch Keren, die zwölf wird. Barmizwah oder Batmizwah nennt sich das. Ich komm voll auf meine Kosten. Es gibt jede Menge Küchele. Alle mögen Süßes und Würziges. Lutka ist the Queen of Cake und hat immer welche für mich. Geraucht wird kaum. Sogar Gady ist von 80 am Tag auf Null runtergegangen. Gut für seinen Sport. Er trainiert das Kibbuz-Fußballteam. Keine ernsthaften Kräche, kein Besäufnis. Gar kein Alkohol. Das Leben selbst und das Wissen um den Tod allgegenwärtig machen besoffen genug. Da kann man nur intensiv leben. Trotzdem werden Bäume gepflanzt und Söhne gezeugt, wie die alten Chinesen es empfeh-

len. Verstehst Du, man läßt sich nicht in Dumpfheit und Depression fallen.
Gady ist weißblond. Shlomith schwarz. Gil und Keren rabenschwarz mit schwarzen Indianeraugen. Gadys Barthaare rot. Miron hat wie mein Sohn Kim dicke blonde Locken und sehr helle Augen. Dieses viele schwarze Haar, in allen Schattierungen, erotisiert mich. Im Alten Testament verlor Samson seine Kraft, als seine rasende Geliebte ihm die Haare abschnitt.

***18. Juni*** Sechs Uhr morgens. Hier zwitschern ein paar Vögel mehr als in Hamburg. Die ganze Vogelschar. Wie ein Superorchester.
Gady, der gerade noch zutiefst beschäftigt war mit seinem Traktor, Insektenbeseitigung mit einem Minimum an Gift, dem Kaputtgehen des Traktors und dem damit verbundenen Ärger, steht frühmorgens in Uniform vor mir, verabschiedet sich. Kommt fluchend zurückgelaufen, weil er den Mülleimer in der Küche vergessen hat. Eilt dann, Gepäck und Riesenknarre in der einen, Müll in der anderen Hand, davon. Das Land ist so klein, er ist nicht weit von uns, aber unerreichbar. Ich liebe ihn und komm' nicht damit klar, daß er ein Mann und nicht mehr der kleine Junge ist. Er ist natürlich genausowenig erwachsen wie ich. Wir haben zuviel Kindheit übersprungen.
Lea Fleischmann rief zwei Stunden aus Jerusalem an. Plötzlich schön, wieder deutsch zu sprechen. Werde sie besuchen, ihr Umfeld einige Tage kennenlernen. Jerusalem ist die schönste Stadt, die ich jemals gesehen habe. Was heißt gesehen – sinnlich gespürt, Formen, Farbe, Vielfalt geschmeckt, aufgesogen. Da wäre ich vor drei Jahren beinahe bei einem Palästinenser hängengeblieben.
Begleite Shlomith ab und zu abends in die Kinderhäuser. Da ist in allen Räumen, in allen Ecken, auf allen Betten ein Geschmuse, Geknuddel, Gestreichel, Gesinge zur guten Nacht – *laila tow.* Tut sehr gut und weckt Erinnerungen an meine eigene jiddische Mamme.

***28. Juni*** War einen Tag gleich in der Nähe am Meer. Das schlägt natürlich alles. Bin ebenso meer- wie mondsüchtig. Konnte endlich wieder nackte Brüste fröhlich im Wind flattern lassen, mich von hohen Wellen tragen lassen und mich ganz frei fühlen. Die letzten Tage Vollmond, auch geschwommen. Soviel Schönheit, daß es mich zerreißt.
Ich wohne seit fast einer Woche im eigenen Bungalow. Mit TV, Telefon, Kühlschrank, Luftkühler, ganz breitem Bett. Küche, Bad, zwei Zimmer. Hier war vorher nichts drin. Gady hat die ganze Einrichtung im Kibbuz zusammengesucht. Ich wollte erst gar nicht einziehen, weil die ungewohnte Geborgenheit in der Familie mir so guttat. Jetzt hab' ich beides. Ich muß aufpassen, daß es mir nicht zu wichtig wird. Hab' es ja nicht ewig.
Veränderung findet statt. In der Hitze scheinen Hirnteile wegzuschmelzen. Gady kam zum Schabbath plötzlich durchgeschwitzt, völlig alle, mit schwerer Knarre wieder an. Hatte sich über Nacht vom Krieg beurlauben lassen. Jetzt ist er wieder ganz hier. Politische Gespräche zwischen uns sind ein Eiertanz. Wir wollen beide diesmal keinen Krach.
Ich lese jeden Tag die englisch gedruckte »Jerusalem Post«. Ärztestreik, über vier Monate, nimmt viel Platz ein. Nachdem sie hungerstreikten, braucht jetzt fast jeder Arzt einen Arzt.

***29. Juni*** Heute hätte Mutti Geburtstag. Wir fahren nachher mit drei Familien zum Picknick an den Strand. Wenn alle dabei sind, kann ich mich nicht ausziehen. Die wollen ihren Kindern keine nackten Körper antun. Ich muß die Bedingung einhalten. Deprimiert mich.
Gestern war ich in Tel Aviv bei einem Psycho-Vortraining, »est« genannt. Sehr amüsant, da smarte junge amerikanische Juden sich ins Zeug warfen. Fand nachts statt. So ein Psychoding spült Probleme hoch. Heute würgt's mich. Möchte nicht nach Deutschland zurück. Hab' Angst vor all der Lieblosigkeit. Auch nicht hierbleiben. Möchte tot sein. War durch Sonne, Wasser, Leute bis gestern wie betäubt. Merkte fast drei Wochen nicht, wie weh das Leben tut. Jetzt weiß ich's wieder.

**2. Juli** Schon wieder Schabbath. Da warten die Orthodoxen beherzt auf private Autofahrer, um sie mit Steinen zu bewerfen. Wir Juden dürfen heute nicht arbeiten. Dazu gehört Licht anmachen, fahren, kaufen – jede Tätigkeit. Daran halten sich Busse, El Al, etc. Nur Haifa hat Sondergesetze und die Sheruts. Das sind Sammeltaxis, in denen jeder nur seinen Platz bezahlt, die fahren auch am Schabbes. Die Gläubigen sind, rechtsradikal und durch Gott gestärkt, sehr aktiv. Unser Kibbuz steht links, und die wenigen Autos flutschen in die kleine weite Welt.
Gady fährt mich täglich an den einsamen FKK-Strand. Gestern zogen sich schon drei Leute aus, und ein Vater ging sogar vorbei, ohne seinem Kind die Augen zuzuhalten. Fortschritt. Höre, sobald ich aufwache und meistens die ganze Nacht, im Radio »Voice of Peace« – »Kol Schalom«. Die sanftesten Songs, Chansons, Liebeslieder, die du so kennst. Einlullend und smootchy. Die Araber grüßen auch mit Salam. Hier steht Schalom auf Tafeln, als Plastik, in der Natur und in den Häusern. Jetzt spielen sie gerade »As time goes by« aus Casablanca. Nat King Cole und Sinatra und John Lennon und Cole Porter und Pete Seeger und Bob Dylan und viele andere kommen in diesem Programm satt zum Zug. Schwelge.

**3. Juli** Die Zeit rast. Uri Avnery und ich haben bisher nur mehrfach telefoniert. Vor drei Jahren war ich öfter bei ihm zum Frühstück. Er schmierte mir dann immer Honigbrötchen. Uri ist ein linker Politiker. Er war es, der auf eigene Faust zu Arafat fuhr, um über Friedensmöglichkeiten zu sprechen. Dafür sollte er wegen Landesverrats vor Gericht. Er ist sehr unabhängig. Das gefällt mir natürlich. Gibt eine Zeitung raus, die wie die alte »Konkret« ist – Politik und Sex, aber mit »Spiegel« und »Stern« gemischt. Ich werde ihn besuchen.
Komme mit meinen Interviews nicht voran. Die Leute haben Angst vor Öffentlichkeit, und unter falschen Vorspiegelungen wollte ich es nicht machen.

**6. Juli** Wo bleiben die Tage, wo bleiben die Nächte? Das Leben rutscht weg. Je schöner die Tage sind, desto schlimmer sind meine Träume. Nie läßt sich der Horror ganz wegdrücken. Es gibt wohl kein Entrinnen. Man fährt ja immer selbst mit, egal wohin.

Weiß inzwischen, daß »Voice of Peace« ein Piratensender ist. Ganz toll. Wollen natürlich zwischen Arabern und Israelis was verändern. Senden von irgendwo im Mittelmeerraum. Noch nie geschnappt. Ein Mann namens Aby Nathan steht dahinter. Den möchte ich gerne kennenlernen.

***8. Juli*** Gestern war spannend. Ich war in Tel Aviv bei Uri Avnery. Er redete Gott sei Dank wie ein Wasserfall, so daß ich viel erfahren hab'. Auch, wie bestrickend, warm, spontan, charmant und voller Fehler Arafat ist. Total anders als im Fernsehen, optisch und überhaupt, sagt Uri. Er zeigte mir das riesengroße Buch palästinensischer Kunst. Arafats Geschenk an ihn, mit schöner Widmung.
Uri hat eine Wohnung mit Blick aufs Meer. Und siehe da, das Piratenschiff direkt unter seinem Fenster, gut sichtbar. Das heißt, außerhalb der Bannmeile.
Shlomith, Gadys Frau, war mit bei Uri. Sie blühte auf außerhalb der Enge des Kibbuz. Sie heißt Shlomith = Frieden, weil sie am 8. Mai 1945 geboren ist.
Dann noch etwas zum Tel Aviver Strand runter, glühend heiß, von einem Fuß auf den andern gesprungen.

***10. Juli*** Über 40 Grad im Schatten. Aber wo ist Schatten? Der Ventilator bläst meine Haare und alle Papiere hin und her, die Augen entzünden sich. Brutkasten.
Die Zeitungen sind nur voll wichtiger politischer Themen, kein Stuß, kein Tratsch. Nachrichten höre ich jeden Tag um 22.00 Uhr auf englisch im jordanischen Fernsehen. Israelis nennen den Service Jordaniens – Nachrichten auf französisch, hebräisch, englisch neben arabisch – freche Propaganda. Dabei sind die Jordanier sehr zurückhaltend und sachlich.

***11. Juli*** Ich lebe immer noch im Luxusbungalow, in dem sonst eine Arztfamilie wohnt. Es wird gemunkelt und gemurrt, weil ich nicht arbeite. Schreiben zählt ja nicht. Das und Malen und Spielen machen die andern in der Freizeit.
Hier werden wohl nur die Kinder von **allen** verwöhnt und die Männer von den Frauen. Auch Gady ist ein Traumvater. Die Kinder beten ihn an. Mit ihnen ist er selbst noch Kind. Ich werde leider auch von niemandem umarmt, von den Kindern schon gar nicht. Die Liebe hier ist herber. Sabra ist ja die Frucht, die außen hart und innen süß ist. Meine einzige Chance sind Uralte, aus Europa Eingewanderte, die sich mal umarmen lassen.
Hier sieht man lauter Akrobaten auf Fahrrädern. Freihändig oder drauf stehend, Kind auf Arm oder Schulter, auf allen romantischen Kibbuz-Wegen.
Henryk Broder rief auch an. Ungewöhnlich herzlich. Bot mir an, bei ihm in Jerusalem zu wohnen.

***12. Juli*** Lernte Chaim kennen. Zwei Tage Urlaub. Er ist zwanzig Jahre alt und befehligt 50 Soldaten. Seit zweieinhalb Jahren Soldat. Erzählt: »Der Junge, der auf uns schoß, war erst zwölf. Den konnte ich doch nicht erschießen. Nahmen ihn nur vier Monate fest.«
Weiß noch, wie erschrocken meine Familie war, als ich vor neun Jahren mit einer Gruppe bunter Araberinnen in einer Waldlichtung tanzte. Deren Musik und Singen hatten mich angezogen. Es war so schön. Zu denen paßte ich besser. Aber das Entsetzen meiner Familie sagte mehr über die Kluft aus, als sie mir jemals hätten erzählen können.

***13. Juli*** Endlich finden flüssigere Gespräche mit Kibbuzniks statt. Vorher nur Ärgerliches. Mit Nurit z. B., ballerina-schöne Leiterin der Wäscherei, flirtig, doch spießig. »Nackt? Niemals! **Etwas** muß doch intim bleiben. Warum unsere alten Frauen nicht im Bad sind? Weil das für uns andere zu häßlich wäre.« Ich sag' ihr, daß nur ein unverhüllt dummes Gesicht mir zu häßlich ist. Und Gemeinheit. Mich findet sie phantastisch. Nur meine schwarzen Kleider, in denen ich aussehe wie eine Araberin, gräßlich.

Doch jetzt hab' ich endlich die ganz Alten, die mich am meisten reizen, zu Gesprächen gehabt. Über ihr Leben und die Anfänge hier vor mehr als fünfzig Jahren. Nur Sumpf- und Malariagebiete. Als erstes Eukalyptus. Wasser zur Bewässerung aus tiefen Brunnen kilometerweit Eimer um Eimer geschleppt. Keine Installationen. Ein Klo für alle. Viele ohnmächtig auf dem Weg dahin. Oft Schüttelfrost, so heftig, daß sich andere auf die Kranken draufsetzen mußten. Viel gesungen, viel getanzt, viel gelacht, wenig gegessen. Als die ersten Klos in die Holzbaracken kamen, gab es Proteste. »Man muß leiden, sonst kommt man ab vom Weg.« Die meisten waren illegal eingewandert. In ein höllisches Klima, wenn man bedenkt, daß es keine Möglichkeit zur Kühlung gab. In Hadera in tödlicher Konkurrenz um die wenigen Arbeitsplätze mit unterbezahlten arabischen Arbeitern – hätten sie sich doch damals gegen die Ausbeutung zusammengetan, statt sich um das bißchen zu schlagen!

So wie es damals für alle ums nackte Überleben ging, betonen auch jetzt alle, daß sie Frieden wollen, aber daß sie ums Überleben kämpfen müssen oder sich damit abfinden zu sterben.

Das Kibbuzleben hat sich sehr verändert. Jetzt wird geaast. Wie dumme Eltern in der ganzen Welt wollen sie ihren Kindern, und erst recht den Enkeln, ALLES geben, was sie nicht gehabt haben.



***17. Juli*** Mir wird ganz mulmig, wenn ich in der Zeitung lese: Yosef Cohen, 54, killed pedestrian Moshe Levy, 30, by car in Tel Aviv.

Lerne rapide durchs Fernsehen. Die arabischen Darbietungen sind so naiv wie Stummfilme. Da kann ich nichts mißverstehen, wenn beide kußlos in die Kamera schmachten oder mit rollenden Augen und bebenden Nüstern aufeinander zugehen.

Eine Woche sind jüdische Mütter aus arabischen Ländern im Kibbuz. Mütter von bis zu vierzehn Kindern. Keine pin ups. Duschen, baden, lachen und jubeln lautstark. Fremdkörper hier, wo Europa herrscht.

Zwei Tage mit Lea bei mir. Sehr schön, sehr lebendig. Bett an Bett gelesen, geklönt. Müssen nicht einer Ansicht sein. Waren

mit israelischem Ehepaar in Jerusalem. Die hatten Angst auf dem Markt in der Altstadt. Sie warnten mich panisch vor einem Messer zwischen den Rippen. Dadurch hab' ich vieles nicht ansehen oder Geschenke kaufen können. Schade. Wie schön war es mit Josef vor neun Jahren und dem Palästinenser Hisham vor drei! Damals: Tee mit Minze, Mäntel mit Fell, Schmuck, Kleider, viele Fellschuhe, ganz weiche Ledertaschen. Reisetasche auch diesmal, aber ohne Spaß. Nur so schnell wie möglich greifen, zahlen, weg.
Gady ist nach Wochen wahnsinniger Aggressivität freundlich. Seitdem er weiß, daß ich am 21. abfahre. Auch die Kinder grüßen jetzt. Shlomith ist wie eine Schwester zu mir. Sie hat einen Ring für mich gemacht. Gady ärgert sich wohl, daß ich ihr seit sechs Wochen den Rücken stärke. Alle sind herzlicher, weil es eilt. Weil meine Zeit zu Ende geht. Laden mich endlich ein, wollen mir ihre Bilder und Plastiken zeigen, suchen von sich aus das Gespräch. Ich kaufe zwei schöne Bilder. Trotzdem, ich glaube, alle freuen sich, daß ich abfahre. Ich bin in ihre Welt eingebrochen.

***20. Juli*** Letzter Tag. Esse alleine. Alte Frauen, von Arbeit gekrümmt, die Füße in riesigen, kartonähnlichen Schuhen, lächeln mich an. Setze mich zu ihnen. Gefallen mir besser als die schönen jungen Männer.

***21. Juli*** Allerletzter Morgen. Ich hab' endlich Aby Nathans Geheimnummer rausgekriegt. Rufe an. Er sagt: »Komm schnell her.« Geht nicht mehr. Too late, too late, too late.
Flughafen Ben Gurion. Gady und Großvater Jeheskul schleppen meine vielen Taschen. Gady sagt zur Stewardeß: »Please, setzen Sie a tall dark good-looking stranger beside my sister.«
Zärtlicher, gerührter Abschied. Gady mit Tränen in den Augen. »I never knew six weeks could pass so quickly. It was so nice to have you here. Do come back soon.«
Ich liebe ihn über alles.

Ich kann zu Israel nichts Erhellendes sagen. Auch nicht zum Krieg Iran / Irak. Auch nicht zu den Kämpfen in Irland. Und nicht zu den vielen Konflikten in Afrika oder in den arabischen Ländern, in denen zahllose Leute sich gegenseitig abschlachten. Nur zu den anderen Ländern hat man mich auch nicht gefragt. Bloß zu Israel, weil ich Jüdin bin.
Das macht mich trotzdem nicht informierter als jeden anderen in der BRD. Das heißt, da mein Bruder im Kibbuz lebt, dort mit einer Sabre verheiratet ist und drei Kinder hat, und seine Schwiegereltern, die aus Polen und Rußland eingewandert sind, diesen linken Kibbuz mitbegründet haben, krieg' ich vielleicht doch ab und zu einiges mit. Ich hab z. B. einmal – zusammen mit 250000 Israelis – für »Peace Now« demonstriert. Gegen die damalige Regierung. Ich habe später noch einmal demonstriert. Mit 400000 Israelis zusammen. Auch für »Peace Now«. Über solche Demonstrationen wird hier nicht berichtet. Es wird nicht berichtet, daß es eine große linke Opposition gibt. Nicht darüber, daß diese »Peace-Now«-Bewegung nichts anderes will als einen Frieden, der im wahrsten Sinne – so gut es geht – alle »befriedigt«, selbstverständlich auch die Palästinenser. Warum man hier so wenig davon wissen will, ich meine von dieser Opposition? Ich glaube, weil man die Israelis lieber in der Rolle des Kriegers sehen möchte als in der Rolle des Oppositionellen.
In Israel gibt es so unendlich mehr an Selbstkritik und Selbstzweifel als bei uns. Tag und Nacht Auseinandersetzungen. Im Freundeskreis, innerhalb der Familie, an den Arbeitsplätzen.
Ich möchte, daß es den Palästinensern gutgeht. Ich möchte, daß es den Palästinensern und Israelis bessergeht als jetzt. Was mich verzweifelt macht, ist, daß in den arabischen Ländern von vornherein zu Haß erzogen wird – und mehr und mehr auch in Israel. Weil ich nicht weiß, wie man diesen Haß beendet. Ich kann Juden und Araber kaum unterscheiden, ich kann sie optisch nicht unterscheiden, fühle mich Arabern mehr verwandt als Deutschen oder andern Europäern.
Wenn ich in Israel gelebt hätte statt in der BRD, wenn ich nicht in Deutschland die ganzen Jahre gearbeitet hätte, sondern dort,

dann hätte ich für alles gekämpft, was Grenzen und Unterschiede niederreißt und Gemeinsamkeiten aufbaut.
Ich bin jetzt wieder, nach drei Jahren Pause, auf dem Weg nach Israel, um meine Familie zu besuchen. Und obwohl wir uns nicht ganz unähnlich sind – sie sind auch Sozialisten –, müssen wir entweder Gespräche meiden oder gehen uns an die Gurgel. Meine Familie sagt mir: »Du kannst nicht mitreden. Du wohnst nicht hier.« Dagegen habe ich immer protestiert, aber langsam fange ich an zu begreifen, daß sie recht haben. Ich kann ja nicht einmal die Sprache.
Auf allen Seiten ist Verzweiflung und Angst, ständig, jeden Tag. Die Ratlosigkeit unbeschreiblich.

**1998**

Ein kurzes Frohlocken. Die Erleichterung war riesengroß. Wofür Uri Avnery vom Staat bedroht und Aby Nathan zweimal ins Gefängnis geworfen wurde, wurden jetzt Friedens-Nobelpreise verteilt. Gespräche zwischen Israelis und Arafat nicht mehr verboten, sondern erwünscht.
Mit dem Mord an Yitzhak Rabin ging alles zu Ende. Alles kaputt. Lähmendes Entsetzen. Dann Resignation, Erschöpfung. Hätte ich einen Glauben, würde ich beten.

## *Wolf Biermann*

*David und Goliath*



David und Goliath, Abel und Kain
zwei und zwei und zwei und zwei
Wer wird wen knechten, wer wird wen befrei'n
Und auf dem Golan wächst guter Wein
Wer wird ihn trinken? Wer ist Rebell
Wer ist hier Mörder in diesem Duell
Isaak redet mit Ismaél
Grad immer zwei und zwei und zwei
hier geht es Schlag auf Schlag. Dabei
war heut hier im alten Israel
ein ganz gewöhnlicher Tag

Handgranatäpfelchen spitz unterm Shirt
zwei und zwei und zwei und zwei
Schwirren die Mädelach durch den Kibbuz
blöde wie da mein Blick noch verharrt
Anders die Butterbirnbrüste der Frau
Wenn sie mit Knarre im Wägelchen früh
Kinderlach in die Krippe karrt
Grad immer zwei und zwei und zwei
hier geht es Schlag auf Schlag. Dabei
war heut hier im jungen Israel
ein ganz gewöhnlicher Tag

Ganz bin ich Jude und, nebbich, ganz Goj
zwei und zwei und zwei und zwei
Ess' unter Palmen glatt koscher, bleib treu
Tannenbaum, Sauerkraut, Eisbein und Bier
Wer ist schon scharf auf das Jüngste Gericht
Ich war nie der, der zu Kreuze kriecht
Mein Gott ist nichts als ein Menschentier
Die letzten Dinge sind es nicht
nach denen ich hier frag. Dabei
war heut hier im kleinen Israel
ein ganz gewöhnlicher Tag

Heut nacht weht Hamburger Weizenhaar
zwei und zwei und zwei und zwei
Deutsch unter all dem Dunklen hier
der Schönheiten von Jeruschalaijm
Liebe ist stark wie der Tod. Und dein Kuß
Bitterer Schierling, ist Mohnsaft und Wein
Myrrhe und Mondmilch und Honigseim
Darum ja zwei und grad wir zwei
damit ich nicht verzag. Dabei
kommt morgen in Erez Israel
ein ganz gewöhnlicher Tag

# II. Aus Deutschland

*Friedrich-Wilhelm Marquardt*
*Nadja Klinger*
*Detlev Clausen*
*Dorothee Sölle*

## *Friedrich-Wilhelm Marquardt*
## *»Mein Israel«?*



1. Der erste Blick auf *dieses Land*, noch außerhalb seiner damaligen und heutigen politischen Grenzen: der Halt der drei Taxen von Damaskus her im wild zerklüfteten Jabbok-Tal, dort wo »Israel« seinen mythischen und zugleich historischen Namen bekam: beim Versuch, sich Durchgang durch den Fluß zu öffnen; die Gottheit wollte ihn nicht zulassen, aber Israel erzwang ihn sich. – Unvergeßlich die Auffahrt aus der Mittagshitze des tiefsten Erdpunktes im Jordangraben in die »hochgebaute Stadt« Jerusalem. – Vor allem der erste Blick vom Dach des Hotels Petra über das Jaffa-Tor zur Mamilla hinunter, über die Schultern der jordanischen Scharfschützen hinweg, die ihre Gewehre auf die jüdische Seite gerichtet hielten. – Dann: der grüne Ölberg, noch ohne das scheußliche Großhotel. Die noch nicht zugebaute Haifa-Bucht, grün bis Akko. Die mühsam mit Fingern zwischen dem Felsgestein zusammengekratzten Erdkrumen des Kibbuz Jiftach, wo die Chaverim Rasen aussäen wollten und uns anleiteten (und damit ehrten), so etwas wie Boden aus den Steinen Galiläas – also: »Land« Israel – allererst zu »schaffen«. Der Gewerkschaftssekretär von Beersheva hatte uns seine damals entstehende Stadt am Wüstenrand als »center of creation« vorgestellt. »Mein Israel« bleibt:

dieses Land, menschliches Schöpfungsgebiet auf hartem Grund. Es bleibt, was wahr war an der Suggestion zionistischer Propaganda der ersten Jahre: eine Grenze des Grünen, die Israelis dem Boden abgerungen haben, sich abzeichnend gegen das damals noch unkultivierte Wüstenbraun des umgebenden Landes.

»Mein Israel« bleibt: *dieses Volk*. Die ersten deutschen Studenten, die als Gruppe ins Land einreisen durften, nahmen ihren Weg über den Libanon, Syrien, Jordanien durchs Mandelbaum-Tor in »das Land«. Wir hatten Judy Miller aus Allentown die ganze Zeit mit uns, eine amerikanische Kommilitonin. Deren Zugehörigkeit zum jüdischen Volk »rochen« die immer scharfen arabischen Grenzbeamten; und obgleich sie uns beim ersten Ansehen gerne und enthusiastisch mit »Heil Hitler« begrüßten – wenn sie an Judy kamen, verengten sich ihre Blicke, und sie kreisten die Berliner Studentengruppe mit besonderem Mißtrauen ein. – Dieses Volk: Die Stunde nach der Feldarbeit unter der Dusche, die in die Arme der uns gleichaltrigen Gastgeber eingebrannten KZ-Nummern. Sie hielten uns lange auf Abstand, setzten uns auch zum Essen separat; nur einer sprach mit uns, Michael ben-Dor, der die Arbeiten anordnete. Wir wurden beobachtet, wie wir uns untereinander verhielten. Erst nach Wochen luden sie uns zu sich, lehrten uns Lieder, ließen uns die Hora mittanzen, sich von den palästinensischen Flüchtlingslagern erzählen, die wir auf der Herreise besucht hatten (um dort vielleicht Sühnezeichen-Mithilfe anbieten zu können – vergeblich). Am Ende waren sie sogar zu Gegenbesuchen in Berlin bereit, die sich dann allerdings zerschlugen, als es 1960 zu antijüdischen Anschlägen in der Bundesrepublik kam.

Immer wieder bewegend: der Augenblick, in dem die El-Al-Maschine von Frankfurt her den Küstenstreifen überfliegt – ein Moment von Emotion, als über den Bordlautsprecher ein Rabbiner eine Beracha singt; längst ist das auch bei El Al Alltag ohne besonderen Akzent geworden. Aber in der Mitte dieses Volkes sind wir in Wahrheit schon in den zweieinhalb Stunden Wartezeit auf dem Rhein-Main-Flughafen; da schon beginnt, nach Tonfall und Stimmenvielfalt, nach Gebaren und Distanzlosigkeit orientalisches Israel – unter den Augen der harten smarten Jung-

männer der Sicherheitsdienste. In einer ganz anderen Schicht meiner Wahrnehmungen bin ich an dieser Stelle Frankfurts zugleich immer noch am Anhalter Bahnhof des Jahres 1938 und sehe hastig für immer Abreisende aus meiner Stadt. – »Dieses Volk«: Martin Bubers altdeutsches Butzenscheibenzimmer in Jerusalem (als wäre es Weinheim) und sein Rat: »Wäre ich Christ, ich ginge alle Wege Jesu im Lande nach, zu Fuß.« – Der Schabbatabend an Ben-Chorins Familientisch. – Der Purim-Umzug in den Straßen von Tel Aviv: Karnevalsvolk – und doch nicht »carne valet« (Ade, Fleisch), sondern: »Haman, wir leben, schau her!« – Die Frau auf der Straße in Sfad, die uns deutsch reden hörte: »Hört zu, ihr sollt es gut haben hier.«
Tausenderlei davon beim ersten Blick, als Israel auch »mein« Israel wurde. Dieses Land. Dieses Volk. »Meins«?

2. Das war vor vierzig Jahren – Anstoß zu einer »ewigen Bewegung« für die kurzen Tage meines danach gelebten Lebens. Im Pfarramt ergab sich nicht genug Zeit, die Fragen und Fraglichkeiten dieser Reise auszuloten. Was ich gelernt hatte als Theologiestudent, praktiziert als Pfarrer, begann sich mir zu entziehen, geriet ins Wanken – und zwar je länger, desto mehr. Ein Berufswechsel schuf Raum. Ich ergriff das Fach, das Karl Barth bestimmt hatte zur »Selbstprüfung« der christlichen Kirche »hinsichtlich des Inhalts der ihr eigentümlichen Rede von Gott«. Was heißt hier »eigentümlich« – wenn Israel lebt?
Ohne planen zu können (weil es methodisch keine Tradition gibt für eine Revision von Grundlagen des Christentums), drängen sich mir Schritte eines theologischen Revisionismus auf.

a) »*Die Freiheit Israels*« – das »Gesetz« schafft nicht seelisch verkrüppelte Sklaven, auch nicht die Arroganz von Leuten, die nur ihrer Selbstgerechtigkeit leben. Das protestantische Horrorbild von jüdischer »Gesetzesreligion« wurde unwahr, damit auch die in Theologie, Predigt, Unterricht immer wieder und (nach 1945!) immer noch gebrauchte negative Folie des protestantischen Hauptdogmas von einer »Rechtfertigung allein aus Glauben, ohne Werke des Gesetzes« – damit aber zugleich auch die

Substanz dessen, was evangelisch als das (tatenlose) »Heil« schlechthin allem Volk zu verkünden war. Eine Freiheit Israels (der Menschen dieses Volkes) begegnete uns überwältigend: sozial in der Lebensform Kibbuz, menschlich, aber auch politisch im Willen und den Quellen des Überlebens; *auch* im Kampf vieler einzelner um Frieden mit den arabischen Nachbarn in Städten und Dörfern. Auch den überall zu spürenden Atheismus – das stereotype »Ich bin nicht religiös« – lernte ich als Logik des Überlebens und der Freiheit begreifen; wie überhaupt schon immer: Säkularisation als *inneres* Gefälle dieser »Religion« – nicht: Verrat, sondern Richtung. Meine erste Predigt schon auf der Rückreise, in Athen, am Ostermorgen, thematisierte (anhand des biblischen Exodus- und Pessach-Motivs) die »Freiheit Israels« vom Sklavenhaus Ägyptens und: der Deutschen.



b) Für Theologen unbegreiflich: eine geradezu *religiöse* Bedeutung von *Land, Erdboden, Geographie*. Was soll denn das Absolute (»Gott«) zu tun haben mit so Partikularem wie ein paar Quadratkilometern Land? (Mein rechtszionistischer Freund Jochanan Bloch zitierte bei der Frage: »Wo in Israel wohnen Sie?« immer Max Liebermann mit seiner Adresse neben dem Brandenburger Tor; der pflegte die Frage »Wo in Berlin?« zu beantworten mit dem Bonmot: »Wenn Sie reinkommen links«. So auch Jochanan; er spielte dabei den Eindruck des Kleinbürgerlich-Miefigen aus und meinte damit in Wahrheit eine größere Wohnung: ein größeres Israel.) Was soll denn Geistiges (Religion) mit Materie (»Mutterstoff« von Erdboden) zu tun haben? Was Jenseitsorientierung mit Diesseitsanspruch und -behauptung? Was »Ewiges« mit so Verlierbarem wie eigenem Land?
Zwar kannte ich als Christ Sakramente: Brot kann mehr »sein« oder »bedeuten« als Brot, Wein mehr als Wein. Aber Land? Mehr als Land, »gelobtes«, gar »heiliges« Land? (Noch gab es keinen »Heiliges-Land-Tourismus«.) Das Materie-Gefühl von Erdboden hatte ich im Galil unter meinen Fingernägeln und an den Schrunden der Hände – das begann mir nun in den Kopf zu gehen, schloß mir die reale Landmaterie auf, die die biblischen Gottesverheißungen meinen: nicht Seelen-, sondern Siedlungs-

grund, Boden unter den Füßen. Ich begann, diese Dinge zu Hause laut zu denken und zu sagen, und geriet von Stund an auf Schleuderkurs: weg vom »Himmel«, Absturz auf jenen Boden, aus dem Gott, gelobt sei Er, »die Frucht des Weinstocks erschaffen«, »das Brot aus der Erde hervorbringt« – auch Brot und Wein des christlichen Sakraments.

3. So begonnen, mit Israels »Freiheit« und seinem »Land«, wurde es schnell unvermeidlich, nach dem *Zionismus* zu fragen. Geht der nicht nur mich als Weltbürger etwas an – auch mich als Christen? Daß biblische Religion nicht nur »Gott und die Seele« zusammenführe, sondern mit und in biblischer, kirchlicher auch »weltliche« Geschichte zu uns kommt, ist akademisch ausgebildeten Theologen seit mehr als zweihundert Jahren geläufig. Daß »Geschichte« nur ein anderes Wort für »Gesellschaft« und »Politik« sein könnte, mochten Theologen in Martin Luthers Tradition nie gerne hören, es war auch objektiv dubios, nachdem Nazi-Christen gerade eben erst die Hitler-Bewegung wie ein Gottes- und Messiasereignis gefeiert hatten. Und nun also im Zionismus eine »völkische Selbstbehauptung«. Mußte da nicht eine von der Nazi-Religion empfindlich gebrannte Kirche aufschreien, mindestens sich geistig verschließen? So etwas wie eine theologische Rechtfertigung des Zionismus kam mir nie in den Sinn – obgleich ich es sinnvoll finde, die biblischen Wurzeln und den Geist jüdischen Geschicks in der modernen Herzl-Bewegung (mit Buber und vielen anderen) deutlich beim Namen zu nennen. Der Festgruß der Jahrhunderte – »Heute hier, morgen in Jerusalem« – gibt dem Zionismus geistige Essenz der *ganzen* jüdischen Geschichte. Das sollen, ja müssen Christen wissen, denke ich. Als dann aber Ende der sechziger Jahre so viele, die meisten meiner linken Freunde sich ungehemmt antizionistisch austobten (bis hin zur Anzweiflung eines Lebensrechts Israels), versuchte ich als Christ den Zionismus zu bejahen: sicher als erster theologischer Dogmatiker, der sich darüber »einen Kopf machte« (wie man in Ostdeutsch sagt). Das hat Freundschaften gekostet und gebrochen; »mein« Israel wurde mir da zur Geliebten und stand mir dafür.

4. Dann erst, erst dann wurde mir *Auschwitz* bewußt. Die deutsche »Schuldfrage« hatte mich schon lange vorher aufgerührt, den Predigten Niemöllers war ich ja 1946 über hessische Dörfer hinterhergelaufen, noch ehe ich zum Studium zugelassen worden war; Informationen über Auschwitz waren mir nicht fremd. Aber eine Erschütterung durch und durch und Bewußtseinsbildung davon kamen erst, als ein Gott den Überlebenden gab *zu sagen*, was sie leiden, als erst zwanzig Jahre danach die Inkubationszeit ihres Entsetzens, ihrer Seelenerstarrung, ihrer Sprachlosigkeit zu Ende ging, der Druck ihrer Schlaflosigkeit Ausdruck suchte und fand. Von rückwärts bedacht, ist es schrecklich, daß erst da in der Welt der Täter einige zu Sinnen kamen. Aber auch rückwärts betrachtet, hat sich mir die Erschütterung von Auschwitz wenigstens als erste Erfahrung einer Gleichzeitigkeit mit der jüdischen Wirklichkeit und Geschichte eingeprägt; das wurde mir zum Inbegriff einer Weisung an ein zu erneuerndes christlich-jüdisches Verhältnis: Werdet diesem Volk gleichzeitig – nachdem ihr es in den zweitausend Jahren Christentum zur puren Vergangenheit herabgezwungen habt.



*Bewußt* wurde mir so spät: »Auschwitz« als historische Dimension des Christentums. Lange hatte ich der Differenzierungswut historischer Theologen und Nichttheologen geglaubt, die vielfältige Erscheinungen einer religiös-kirchlichen Judenfeindschaft schlimmstenfalls nur zur *Vor*geschichte des rassistischen Antisemitismus zählen wollten, ihn als »nur« theologisch begründet absetzen wollten von anderen »wirksameren« Motiven. Luthers antijüdische Hetzschriften galten entweder als Betriebsunfall, der mit der Substanz seiner Lehre nichts zu tun hatte, oder als »zeitgeschichtlich bedingt«, also nicht unbedingt über die Zeiten hin wahr und verpflichtend. Wie da die Theologen die Theologie herabgewürdigt und zur Farce ohne Ernst gemacht haben – was Wunder, daß niemand Theologie mehr ernst nehmen kann, wenn Theologen selbst sie so denunzieren.

Seitdem weiß ich, daß »Auschwitz« wie ein Integral nicht nur der christlichen »Kultur« des Abendlandes, sondern leider auch der christlich-kirchlichen Lehre, Predigt und Liturgie zu behandeln, also theologisch zu befragen, aufzudecken und zu revidieren ist.

Ich hänge mich da vor allem an eine Erzählung des Johannesevangelisten. Der am Ostermorgen todesfreie Jesus tritt durch eine von seinen Freunden aus »Angst vor den Juden« dicht verriegelte Tür und stört sie auf mit einem Schalom-Gruß. Will sagen: Judäophobie ist eine christliche Urangst, schottet eine christliche Innenwelt ab von der Lebensrealität der Außenwelt – aber das Leben Jesu steht dagegen. Angst erzwingt Allmachtsgefühle; in bezug auf ihr Verhältnis zu jeder äußeren, mehr noch inneren Gestalt von Macht und Gewalt bedarf nicht nur die Tradition christlicher Judenfeindschaft, sondern die Theologie selbst einer Psychoanalyse – und wäre es die, die der Jude Jesus von Nazareth in seiner Person ist.

5. Unter christlicher Herrschaft durfte ein Jude nie nein sagen. Sagte er nein zu Jesus als dem gerade seinem Volk gesandten Messias, wurde er verbrannt, oder ihm wurde jeder Ausdruck seiner Identität im Taufwasser ersäuft; in Portugal wurde er zum »Marranen« gemacht, auf deutsch: »zur Sau« (und so nannten sich die contre cœur getauften Juden selbst!).
Eines Tages wurde mir klar, daß Christen ein besseres Verhältnis zum Judentum erst bekommen können, wenn sie ein *jüdisches Nein* in theologischen Angelegenheiten nicht nur tolerieren, sondern als substanzhaltigen Widerspruch zum Ganzen ihres Lehrens von Gott, Welt und Mensch bejahen. Ich dachte dabei nicht an eine theologische Dialektik zwischen Christentum und Jüdischem, etwa das jüdische Nein als Antipoden eines christlichen Ja – was dann doch nur auf gegenseitige Aufhebung und Unterwerfung in Synthesis hinauslaufen würde. Jüdisches Nein nehme ich als Widerspruch, den höchste Instanz meiner Theologie zum Gegensatz, also zur nie abzuschließenden Herausforderung und Lehre setzt, die ich zu beachten habe wie den Glaubensgrund, auf den ich mich immer neu gründen muß. Ich lernte jüdisches Nein als Entgiftung, nämlich Entmächtigung der christlich-theologischen Positivität erkennen, als Schule zur geistigen und seelischen Gewaltfreiheit der Kirche. Dabei folge ich nicht postmodernem Pluralismus der Gleichgültigkeit. Ich sehe Juden und Christen einander geschichtlich verbissen nahe, in

einem eigenen, nicht pluralisierbaren Herausforderungs- und »Bewältigungs«-Verhältnis. Bei geschichtlich und geistig-seelisch so komplexen Gebilden wie dem geschichtlichen Judentum und dem geschichtlichen Christentum ist klar, daß sich für ihre Beziehungsprobleme eine Fülle von Parallelen aus anderen Beziehungen finden lassen; aber die Eigenart dieser Beziehung läßt kein Ausweichen in Allgemeinbegriffe zu, hier muß über zweitausend Jahre hin Punkt für Punkt notiert und revidiert, mindestens korrigiert werden.

Ich belasse es bei diesen fünf Stufen meiner Reiseerfahrung. Sie sind heute zu »essentials« meines Christseins und meiner theologischen Weiterarbeit geworden, existentielle und intellektuelle Formen »meines« Israel in meinem Bewußtsein: die Freiheit Israels – das Land – der Zionismus – Auschwitz – das jüdische Nein; und in dem allen: »Dieses Volk« in der Konnotation des Berliner Rabbiners Leo Baeck: »Das Beste im Judentum sind, weit mehr noch als die Lehren, die lebendigen Menschen« – Schlüssel zu einer noch nie entworfenen Erkenntnistheorie, anfangs des 20. Jahrhunderts formuliert; das Wort »lebendig« trägt, am Ende dieses Jahrhunderts, nach Auschwitz, die *ganze* Bedeutung dieses Satzes.



Mein Israel ist also eine tägliche (und nicht selten nächtliche) Unruhe meines Herzens und meines Kopfes: meiner »Existenz«. – Die aufgezählten *essentials* der Grunderfahrung von »meinem« Israel verwehren es mir, das Theologen und Christen geläufige Bibel- und Gesangbuch-Israel weiter nur als ideologisches Projekt, geistige Idee, religiöses Symbol für wer weiß was alles: als Projektionsziel seinshaften Neides oder geiler Moral zu behandeln. »Mein« Israel lehrt mich kämpfen gegen bloß »himmlisches« Jerusalem, den Mißbrauch des Namens Israel als selbstgefälligen und aggressiven Pietistenschmuck, lehrt mich Negation der Negation, die »Israel« der wissenschaftlichen Theologie als negative Folie eines anderen, nicht mehr zu formulierenden positiven Christentums dienen läßt. »Mein« Israel wehrt der christlichen Dummheit, die den Antijudaismus schon geheilt sieht, wenn man (immer noch schwer und langsam genug) sich mit dem alttestamentlichen Israel besserstellt, als in den letzten Jahrhunderten üblich – aber nur, um dies dann nicht nur als Licht, sondern auch als Schatten auf das nachbiblische und heutige Judentum zu werfen. Umgekehrt: Lies das sogenannte »Alte« Testament – und gleich das sogenannte »Neue« mit – von den Lebens- und Denkerfahrungen aus, die das jüdische Volk in den zweitausend Jahren Bibel damit gemacht hat. »Mein« Israel ist *auch* das jüdische Volk, das *war*: in den Jahrtausenden, doch mehr noch das, das *ist*, dem »man« mich als Zeitgenossen zugeordnet hat.

Also auch: das Volk im *Staat* Israel. Es war dieser Staat, der mich mir als meiner selbst in meinem Heute bewußt werdenden Christen (und Deutschen) erst erschloß. Nicht als wäre nur das Staatsvolk Israel mein Israel. »Mein« Israel sind alle Juden überall.

Was aber das Staatsvolk betrifft – ich verwechsle es nicht mit den Regierungen, die es sich wählt. Aber ich trenne es auch nicht von den Regierungen, die es sich wählt und deren Politik mir (von hier aus gesehen) leider oft nicht gefällt. Manchmal wage ich es heimlich, dem besitzanzeigenden Fürwort »mein« (Israel) in einem Nachtgedanken freien Lauf zu lassen: »Wenn ich jetzt Israeli wäre ...« – und sehe mich dann (von hier aus, weit weg) in der Friedensbewegung dieses Volkes. Aber ich bin kein Israeli, sondern hier, und das ist sehr anderswo als dort im Lande.

»Mein« Israel stört die christliche Identität auch *in politicis* empfindlich. Was läge näher, als einem Pazifismus ausgerechnet der Deutschen von Herzen und aus Überzeugung zugetan zu sein. Aber wie politisch dumm, geschichtlich ungebildet und moralisch anmaßend sind doch auch die Projektionen von in Deutschland vielleicht ethisch notwendigen Einstellungen ins Weltweite: an jeden Ort und in jede Zeit. (Dieses törichte Nein christlicher Kreise und Gruppen zum biblischen Buch Josua, wo die Geschichten von der Landnahme des alten Israel erzählt werden!) Ja, wir gehören mit palästinensischen Christen in einer weltweiten Kirche zusammen, erleiden Ungerechtigkeiten mit, die ihnen angetan werden von »meinem« Israel – aber auch die Ungerechtigkeiten, die sie auf ihrer Seite stützen, und die geistige Gewalt, die sie sich und der Ökumene in manchen ihrer Theologien antun – als wären sie »Deutsche Christen« der Nazizeit.

Ich selber sehe für mich keine Möglichkeit zu einer doppelten Loyalität: als Christ für Israel – als Kirchenglied für Palästinenser. Mögen sich europäische Christen ihre Loyalitäten teilen – wenigstens dafür wird es ja noch genug Christen geben – und die Zerreißproben, die das bringt, unter sich und in sich selbst austragen. Ohne Entscheidung kein neues Verhältnis zu Israel – Halbherzigkeit geht nicht.

Ein Letztes. Ich verbiete mir, meinen unziemlichen Traum »Wenn ich Israeli wäre ...« in politische Kategorien umzusetzen. Ich bin hier, nicht dort. Nicht verbiete ich mir oder anderen offene Kritik an Israels Politik; ein entsprechendes Munkeln hinter vorgehaltener Hand (»Man darf ja nicht, als Deutscher ...!«) schürt Neonazismus und ist auch geheuchelte Moral; denn wer sich Kritik »verbieten« läßt (von wem denn?), ist ja in der Regel zu feige, laut zu sagen, daß er ganz und gar dagegen ist. Kritik differenziert. Wer sie sich »verbieten« läßt, ist wahrscheinlich unfähig, vor allem: unwissend, um differenzieren zu können. Ich differenziere aber so, daß ich nicht *über* Israel urteile, sondern – hier, wo ich bin – *für* Israel. Und noch eine Schicht weiter: Hier bei uns differenzieren Intellektuelle, soweit sie es können, zugunsten der israelischen Linken. Aber wer versucht, Verständnis zu wecken für jene knappe Mehrheit oder Minderheit, die heute nicht mehr europäische, sondern orientalische Juden bilden, mit anderen *Erfahrungen* unter arabischen Mehrheiten, die nur Härte gegen Palästinenser für hilfreich hält. Ich ängstige mich um die darin verborgenen Ängste »meines« Israel. Aber ich sehe nichts gemäßer, als unter Christen und Deutschen, die diesem Volk so viel Ängste eingejagt haben, daran zu erinnern, woher diese kommen, und Verständnis zu gewinnen für jene mal mehr, mal weniger als 50% im Staatsvolk, deren politische Ideen auch mir nicht gefallen. – Können wir Christen in Deutschland nicht wenigstens eine Stunde – und zwei, drei Generationen nach Auschwitz – mit dem jüdischen Volk in den Krisen seines Überlebens *wach bleiben* (vgl. Markus 14,37)?

## *Nadja Klinger*
## *Dieses Jahr in Jerusalem*

***»Hitler hat noch nicht die ganze Arbeit für uns gemacht«*** *Ein Student der palästinensischen Universität Bir Zeit, Westjordanland, September 1997* 

Der Horizont ist nicht zu sehen. Er befindet sich hinter den Bergen, die zwar nicht sehr hoch sind, das verdorrte Land jedoch wenigstens über den Meeresspiegel heben. Auf diesen Bergen breitet sich die »Stadt des Friedens« aus: Zahllose Türme, Kuppeln und Minarette, die uralten und die jüngeren Heiligtümer verschiedener Religionen, strecken sich aus ihr empor, als gehe es darum, welches von ihnen als erstes den Himmel berührt. Der Konflikt ist weithin sichtbar. »Die Stadt«, sagt der Schriftsteller Amos Elon über Jerusalem, »ist vergiftet von ihrer Vergangenheit.«

Wir stehen, östlich und nur wenige Kilometer Luftlinie entfernt, inmitten einer geputzten jüdischen Siedlung. Als er einst herkam, erzählt uns ein alter Mann, gab es hier keine einzige grüne Pflanze. Mittlerweile sind die Bäume und Büsche im Ödland gewachsen wie der Ort, durch den der Siedler stolz hindurchführt. Hier verwirklicht sich sein Leben als Jude in Palästina, das Städtchen umschließt all seine Träume vom Frieden und vom Staat Israel – sowie die Straße, die aus dem arabischen Ostteil Jerusalems herausführt. Es gibt für die Araber keinen eigenen Weg aus der Stadt heraus, sie müssen, wenn sie in die Westbank wollen, durch die jüdische Siedlung hindurch. »Sie können Frieden haben oder Jerusalem«, sagt Amos Elon über die Juden und Palästinenser, »aber nicht beides.«

Einen Satz dieser Art lesen und zitieren wir in Europa gern. Er strukturiert das uns Fremde auf bekannte Weise und verschafft uns somit einen Überblick. Schließlich wissen wir, wie es geht, über Verhandlungen zum Ziel zu kommen: was wir geben müssen, um etwas zu bekommen, wie wir Schwäche ausnutzen und Stärke profilieren können. Obendrein kennen wir in der westlichen Demokratie den Druck der Wahlen sowie die Strategien der Opposition genau, haben sogar den Terrorismus schon hinter uns. Und: »vergiftet von der Vergangenheit« – selbst das kommt uns bekannt vor. Uns hier interessiert lediglich der Friedensprozeß, lassen Redaktionen in Deutschland ihre Korrespondenten im Nahen Osten seit Jahren wissen. »Über die Menschen in Israel und Palästina, über ihren Alltag kann ich erst schreiben, seit von den Osloer Friedensverhandlungen kaum noch etwas da ist und dies – auch für Europa offensichtlich – weder mit politischem Kalkül noch mit Unvermögen der Politiker hinreichend zu erklären ist«, erzählt eine deutsche Journalistin in Jerusalem.

Das Bild, das die Presse uns vom Nahen Osten gemalt hat, paßt nicht zu den Worten, mit denen der alte Jude uns durch die Siedlung vor der Ostgrenze von Jerusalem führt. Er spricht von Schulen und Geschäften, die die Siedler aufgebaut haben; wir sind angespannt und nicht aufnahmefähig für diese Einzelheiten. Wir sind weder voreingenommen noch uninteressiert, doch in dem Drang, das Phänomen seines Denkens erklären zu wollen, entfernen wir uns immer mehr von dem Mann. Als er uns Kaffee und Tee anbietet, bleiben die Stühle in seiner Nähe zunächst leer. Die Distanz zwischen ihm und uns ist jetzt sogar sichtbar. Als wir das merken, sind wir lediglich höflich und besetzen die leeren Plätze, geben ihm und uns jedoch keine Chance. »Warum siedeln Sie ausgerechnet an dieser politisch so empfindlichen Stelle?« ist das Nächstliegende, das wir fragen könnten. Und deshalb tun wir es.

In Israel zu sein, sich umzusehen und zuzuhören reicht nicht. Solange wir die naheliegenden Fragen stellen, erfahren wir nichts über die Ferne. So tun wir nichts anderes, als Geschichte zu fressen, bis wir uns satt fühlen. Dann aber stecken wir den Finger in den Hals und kotzen alles wieder aus, damit wir unsere gewohnte Figur behalten. Fernes, Unbekanntes erreichen wir nur, indem wir uns von unseren Vorstellungen trennen, indem wir denken, wie wir nie gedacht, und sprechen, wie wir nie gesprochen haben. Wir müssen uns selbst verändern, und vermutlich würde es uns dabei nicht gutgehen, Fragen würden uns quälen, doch wir dürften sie nicht stellen, denn wir wüßten: Erst wenn wir den Drang verloren haben, das Fremde zu erklären, haben wir es begriffen.

Hundert Kilometer nördlich von Jerusalem, auf israelischer Seite der grünen Grenze zur Westbank, liegt Givat Haviva, ein jüdisch-arabisches Zentrum für Frieden. Hier begegnen sich Israelis und Palästinenser, Kinder sowie Erwachsene, jedoch nicht mit dem Ziel, bald Freundschaft zu schließen, sondern in vollem Bewußtsein des Konflikts, in dem sie sich befinden. Starke und Schwache, Mehrheiten und Minderheiten stehen sich gegenüber und folgen ihrem natürlichen Trieb: Einer lehnt den anderen ab. Nichts verbindet sie, dennoch bewegen sie sich langsam aufeinander zu. »Wege entstehen beim Gehen«, sagen die Initiatoren von Givat Haviva. Sie tun nichts weiter, als den Israelis und Palästinensern eine sogenannte »Arbeitssprache« beizubringen, die sie in die Lage versetzt, über sich selbst zu reden und damit ihre »innere Realität« mit der »äußeren« zu konfrontieren. Beide treffen nur stundenweise und im Abstand von Monaten auf den jeweils anderen und verlassen ihn im Disput. »Die Treffen sind Mittel, nicht Ziel«, sagt einer der Lehrer. »Wichtiger ist der Prozeß, der beginnt, wenn unsere ›Schüler‹ nach Hause zurückkehren.«

Eine Wirklichkeit außerhalb der eigenen ist nicht zu begreifen, wenn man sich nicht von sich wegbewegt. »Die Realität hat mich

1949 aus Frankfurt hergebracht. Ich will hier leben und essen – dann erst kommt die Politik«, sagt der jüdische Siedler. Das ist das Weltbild des Vertriebenen, des Verfolgten, des Opfers. Doch so, wie wir es verstehen, macht jeder Jude Politik, der außerhalb der Grenzen, die die Vereinten Nationen 1948 für den Staat Israel festlegten, lebt und ißt. Zusammenleben, um Frieden zu haben, oder Frieden haben, um zusammenleben zu können, schließt sich nur dann aus, wenn man es erklären will. Denn so denkt man nicht in Europa; aber in Israel. Dort, wo das unablässige Graben nach alten Steinen Politik ist, wo innerhalb von nur zwei Jahren Tausende Freiwillige den jüdischen Mythos Masada freischaufelten, eine Festung, wie man sie sonst auf der Welt in 20 Jahren nicht freilegt.

Und während junge israelische Rekruten dort ihren Eid »Nie wieder wird Masada fallen« ablegen, bedenkt der palästinensische Student in Bir Zeit, nur wenige Kilometer entfernt, die Juden mit dem Satz, bei dem wir erstarren: »Hitler hat noch nicht die ganze Arbeit für uns gemacht.«

Unser ganzes Wissen, das wir von zu Hause mitgebracht und in Israel angereichert haben, soll uns dabei helfen, selbst das zu verstehen. »Die Intellektuellen«, erklärt uns schließlich ein Historiker der Hebräischen Universität Jerusalem, »sind in der Geschichte immer zu überzeugen – und dadurch zu mißbrauchen gewesen.« Wir sind viel zu gebildete Europäer, um nicht genau zu wissen, was er damit meint. So entfernen wir uns immer weiter von dem Phänomen.

*(Der Text erschien erstmals am 8. 10. 1997 in der taz)*

## *Detlev Claussen*
## *Widerschein des letzten messianischen Hoffnungsfunkens*

Israel habe ich in Frankfurt kennengelernt. Ein hanseatisches Bürgerkind konnte in den fünfziger Jahren aufwachsen, ohne daß Israel in seinem Leben und Denken eine Rolle spielte. *Meinem* Israel bin ich erstmals im Winter 1966 begegnet, als ich zum Studium in Frankfurt eintraf. Das Walter-Kolb-Studentenheim am Beethovenplatz 4 ermöglichte Studentinnen und Studenten vieler Nationalitäten und Fächer, einander näherzukommen. Für jeweils zwei Stockwerke gab es eine Gemeinschaftsküche. In »unserer«, die auf dem siebten Flur lag, herrschte eine ausgesprochen gute, solidarische Atmosphäre. Ein Gemeinschaftsleben ohne Beigeschmack von »Volksgemeinschaft« bildete sich aus. Am erfahrensten in diesem Umgang waren die, denen eine Sozialisation im Kibbuz zuteilgeworden war. Und das waren einige, die auch aus anderen Stockwerken und von außerhalb in unsere Küche zu Besuch kamen. *Mein* Israel hatte von Beginn an etwas mit einem sympathischen, gelebten Sozialismus zu tun. Heute, 1998, traut man sich kaum, so etwas noch hinzuschreiben. Aber vielleicht ist es gerade deshalb wichtig, sich am Vorabend eines fünfzigjährigen Jubiläums zu erinnern, daß Israel ohne utopische Energie niemals diesen Geburtstag erreicht hätte.

Bis ich in den realen Staat Israel gelangte, verging noch ein gutes Jahrzehnt. *Mein* Israel hatte mich überzeugt, daß ich das Land Israel bereisen müßte. Der Staat Israel empfing mich nicht gerade freundlich. Als einziger aus der Maschine, mit der ich im Dezember 1978 aus Frankfurt am Main gekommen war, wurde ich nach einem Geblätter in irgendwelchen Listen von Grenzbeamten aussortiert und der Security überstellt. Das Wort »pitachon« [= Sicherheit] klingt mir noch heute im Ohr. In dieser Situation hat mir *mein* Israel praktisch geholfen: Menschen eben, die diesem Land im Nahen Osten verbunden sind, mit denen ich etwas anderes teilen kann als die Herkunft – gemeinsame Einsichten und durch gemeinsame Erkenntnisse geleitete Wünsche. In den Worten meines Lehrers Max Horkheimer: »Solidarität ist in gemeinsamer Erkenntnis begründet.« Nur in diesem Sinne kann ich dieses durch die Geschichte verschlissene schöne Wort noch benutzen. Eben diese Solidarität verbinde ich mit *meinem* Israel.
Für mich konstituierte sich endgültig 1978 ein Israel, auf das ich mich verlassen kann. Das Gefühl, nicht allein zu sein, hat mir geholfen, die Behandlung, die mir zuteil wurde, psychisch gut zu überstehen. Israelische Freunde haben mich danach gebeten, alles, was mir bei der Security widerfahren ist, aufzuschreiben. Ich habe das nie gemacht. Konnte man denn von den Sicherheitskräften eines Landes, das sich im Zustand eines permanenten Krieges befand, etwas anderes als eine gewisse Fremden- und Kritikfeindlichkeit erwarten? Man ging schließlich mit israelischen Bürgern, die im Verdacht standen, daß zu ihrem Israel auch Palästinenser gehörten, viel schlechter um als mit mir. Der Empfang Israels ist mir in ziemlich scheußlicher Erinnerung geblieben; vier Stunden wurde ich auf dem Flughafen verhört, dann wurde mein Gepäck geholt, und ich wurde im Dunkeln von vier mit Maschinenpistolen bewaffneten jungen Soldaten zu einem Bunker außerhalb des Flughafengebäudes gekarrt. Den Bunker, eine fensterlose bombensichere Röhre, durfte ich allein betreten. In ca. drei Meter Höhe befand sich ein Sehschlitz, und eine Stimme wie die von Mr. Spock befahl mir, meinen Koffer zu öffnen und auszupacken. Ein wirklicher Terrorist hätte sich hier selbst in die Luft gesprengt.

Nie habe ich von der Security ein Wort der Entschuldigung gehört. Man ließ mich zwar einreisen, überbrachte mir aber im Hause der israelischen Freunde, die für mich gebürgt hatten, die Einladung zu einem Verhör in der Dizengoff, das einen halben Tag in Anspruch nahm. Aus den Akten, die mir die beiden Polizeioffiziere vorlegten, ging hervor, daß sämtliche europäischen Aktivitäten aus den sechziger und siebziger Jahren, die mit Israel und mir zu tun hatten, dokumentiert waren. Die Security hatte ein besseres Gedächtnis als ich. Man kam sich vor wie im Kino: Ein Blonder mit einem polnischen Hintergrund behandelte mich als potentiellen Terroristen, ein Dunkler mit einer maghrebinischen Herkunft wie einen jüngeren Bruder, den man auf den rechten Weg zurückbringen muß. Es wurde mit starkem psychischen Druck gearbeitet. Nun wollte man auch etwas über *mein* Israel wissen, über die Menschen, die ich inzwischen im Land getroffen hatte. Nach einigen Stunden machte sich die Stimme der Solidarität durch den Telefonanruf meines israelischen Anwalts bemerkbar. Man entließ mich, ungereinigt vom Verdacht. Zwei Tage später bei der Ausreise wurde ich wieder aussortiert, verhört, aber man ließ mich ziehen. Beim nächsten Besuch 1979 wiederholten sich die unangenehmen Verhöre.
Das geschah vor zwanzig Jahren. Israel hat sich verändert, ich habe mich verändert, *mein* Israel hat sich verändert. Bevor ich als Student nach Frankfurt kam, hielt ich das Land für eine Buchwirklichkeit. Das hat es mir von Beginn an liebenswert gemacht. Unter den alten Bänden meines Großvaters fand sich ein Buch, aus dem er mir oft biblische Geschichten vorgelesen hat. In ihm gab es auch alte Illustrationen, von denen mir die Darstellung der Kundschafter mit der überschweren Riesentraube eine der liebsten gewesen ist. Es ging schon damals um das Gelobte Land, »darin Milch und Honig fließt«. Die Steine, die ich Jahrzehnte später im Galil gesehen habe, erlebte ich als Déjà Vu. Dieses utopische Land ist *mein* Israel geworden, obwohl ich weiß, daß im real existierenden Israel keineswegs nur Milch und Honig fließen, Menschen immer noch willkürlich verhaftet und in Gefangenschaft schwer mißhandelt werden. Obwohl Utopie spätestens nach 1989 zu einem internationalen Schimpfwort geworden ist,

nehme ich es trotzdem 1997 bei meinem Glückwunsch in den Mund.

*Mein* Israel bestand schon bald nach dem Sechstagekrieg 1967 aus einer zunächst winzigen Minderheit von Menschen, denen es als eine unausweichliche Wahrheit erschien, daß in diesem Land Israelis und Palästinenser lernen müssen, zusammenzuleben – und sei es in zwei verschiedenen Staaten. Gegenseitige Anerkennung allein kann die Gewalt beenden. Das schien vor zwei Jahrzehnten irreal; *mein* Israel hat es damals geglaubt, praktiziert und ist dafür verfolgt und gehaßt worden. Über die Aktivitäten der sechziger Jahre ist inzwischen viel Unsinn geschrieben worden: Menschen sind als Antisemiten diffamiert worden, die an Lösungen für einen scheinbar unlösbaren Konflikt gearbeitet haben. Gerade die, die den Revolutionsphrasen und dem abstrakten Linksradikalismus konkret entgegengetreten sind, werden nachträglich undifferenziert mit »Antizionisten«, die nur schlecht verkleidete Antisemiten waren, in einen Topf geworfen. Heute weiß jeder, der denken kann, daß die damals utopisch erscheinende Politik gegenseitiger Anerkennung die einzig realistische ist. Der utopische Kern eines wirklichen Friedens provoziert die Feindschaft vieler Seiten.



In einer Welt der Enttäuschungen wünschen viele, daß, wenn schon nicht ihre Hoffnungen in Erfüllung gehen, überhaupt keine Hoffnungen wirklich werden sollen. Aggression gegen das verbindlich Utopische trifft sich im Haß auf ein Mögliches, das noch nicht wirklich werden konnte, mit dem Antisemitismus. Deswegen hat Israel über Jahrzehnte viele falsche Freunde und *mein* Israel viele erbitterte Feinde gehabt. Aber *mein* Israel ist nicht von Israel durch eine chinesische Mauer getrennt. Wenn Israel in Gefahr ist, ist es *mein* Israel erst recht. Ein großer Teil *meines* Israel ist wieder ausgewandert; denn Gefahr droht Israel nicht nur durch die Nachbarn, sondern spätestens, seit Israel 1967 zur Besatzungsmacht geworden ist, durch die israelische Politik.

Ich weiß, daß Israel nicht mehr das Land ist, das es vor zwanzig Jahren war. Der Zionismus ist inzwischen zu einem historischen Phänomen geworden; in all seiner gnadenlosen militärischen Härte und politischen Starrheit enthielt er ja noch etwas vom alten Geist des vorbolschewistischen osteuropäischen Sozialismus. Diese israelische Mischung menschlicher Eigenschaften hat es vielen Juden, die den Nazis entronnen waren, ermöglicht, auch in einer feindlichen, post-nationalsozialistischen Welt zu überleben. Durch die Begegnung mit *meinem* Israel habe ich meine Fähigkeiten zur Erinnerung erweitern können, auch und gerade durch die schon früh erfahrene Petrifizierung der Vergangenheit im staatlichen Gedenken. Die erste Kritik an den heroischen Versionen der Geschichte habe ich durch *mein* Israel erfahren. Mein israelisches Abenteuer 1978 gab mir den letzten Stein des Anstoßes, rücksichtslos das Nachleben der Vergangenheit in der Gegenwart zu erforschen.

Merkwürdig, daß distanzierte Rationalisten wie Isaac Deutscher Israels Alter analog zu menschlichen Geburtstagen zählten. In einem Essay zu Israels zehntem Geburtstag schrieb Deutscher: »Die Zukunft Israels kann sehr wohl davon abhängen, ob sich die Israelis vor nationalistischer Überheblichkeit zu hüten wissen, ob sie in der Lage sein werden, mit den sie umgebenden Völkern eine gemeinsame Sprache zu finden.« (Isaac Deutscher, Der nichtjüdische Jude, Berlin 1988, S. 81) Diese Erwartung an Israel teile ich mit *meinem* Israel gerade in diesen Tagen der Bedrohung. Die letzten Jahre haben den Zeitgenossen vor Augen geführt, daß nicht nur menschliche Individuen, sondern auch Gesellschaften sterblich sind. »Memento Mori« und »Carpe Diem« sind kluge Lebensregeln für säkularisierte Menschen. Über allzu Menschliches hinaus kann ich aus einem scheinbar äußerlichen Grund an diesem Jubiläum mich mit der Nation Israel mitfühlen: Israel und mich verbindet das Lebensalter. Nicht nur *meinem* Israel wünsche ich ein »Nächstes Jahr in Jerusalem!« – diesen verbalen Widerschein des letzten messianischen Hoffnungsfunkens.

## *Dorothee Sölle*

### *Der Glaube macht alle Bethlehems und Jerusalems besser, als sie sind . . .*



Ich war gerade dreißig Jahre alt, als ich zum erstenmal, mit der Gesellschaft für christlich-jüdische Zusammenarbeit, nach Israel fuhr, zur Jahreswende 1959 / 60. In einem Kibbuz wurde unsere Gruppe von einer nervös ketterauchenden Frau herumgeführt. Die Kibbuzbewegung interessierte mich brennend, weil ich dort eine andere Art von Sozialismus als den staatlich erzwungenen vermutete. Mit der Frau in Givat Brenner geriet ich in ein ernsthaftes, langes Gespräch über Kindererziehung, Arbeitsverteilung, Selbstbestimmung. »Müssen die Kinder im Kinderhaus schlafen? Dürft ihr euch zwischendurch mal selber einen Tee kochen? Haben Sie denn einen Tauchsieder? Wer entscheidet, wo jemand arbeitet?« Ich erfuhr dann etwas mehr von ihr selber; sie stammte aus Berlin, hatte ihre Familie verloren. Ich hörte heraus, daß sie sich mühselig und lange von der Kibbuzleitung überreden lassen mußte, uns, eine der ersten Reisegruppen aus Deutschland, zu führen. Sie erzählte von ihrem eigenen Weg zum Kibbuz und ihren drei Kindern – und vergaß darüber die Zigaretten. Wir verabschiedeten uns wie Freundinnen.

Von dieser ersten Reise brachte ich ein Andenken mit, das für meine drei Kinder ein Symbol wurde: die kleine Flasche mit vierfarbigem Sand aus dem Heiligen Land. Aus hellgrauem, braunem, grünem und rotem Sand gebildet, sahen wir ein Kamel durch die Wüste ziehen. Und immer wenn ich das durchaus kitschige Stück vom Bücherregal nahm, dachte ich an die ernste Schönheit der Wüste. Israel ist für mich »Heiliges Land« nicht wegen der sehr viel später besuchten christlichen Stätten, sondern wegen der Landschaft, die die Geschichte des Bundes erzählt, der zwischen Gott und seinem Volk geschlossen wurde.

Ein anderes Erlebnis der ersten Reise war die Begegnung mit Martin Buber, den ich in seiner Wohnung besuchte. Er bot mir einen Platz im kleinen Arbeitszimmer an und schwieg. Ich wußte nicht genau, was ich sagen, fragen oder wissen wollte. Schließlich, es kam mir wie eine Ewigkeit des Schweigens vor, stotterte ich etwas, das mit »mir ist aufgefallen« begann und die Rolle der Orthodoxie in Israel kritisch befragte. Buber sah mich an und sagte: »Wie lange sind Sie im Land?« Es war gerade mein vierter Tag, und ich schämte mich so schrecklich, daß ich aufstehen und mit einem »ich bin's nicht wert« gehen wollte.

Dann entschloß ich mich doch zu einem zweiten Versuch und erzählte ihm, wo er bei mir im Religionsunterricht vorkäme, ausgerechnet bei Luthers »Rechtfertigung allein aus Glauben«, die ich mit Bubers Unterscheidung des Ich-Du vom Ich-Es zusammenbrachte. Das interessierte ihn sehr, und wir gerieten in eine lebhafte Unterhaltung, in der er mir eine Frage stellte, die ich erst viele Jahre später verstanden und beherzigt habe: »Ja, Theo-logie, wie machen Sie das eigentlich? Es gibt doch keinen Logos von Gott!« Buber ist mir immer mehr zu einem Lehrer geworden, er gehört in »mein« Israel hinein.

Außerdem auch zu einer Art Schadchen, *post mortem*. Ich kam auf einer späteren Reise, ein Jahr nach Bubers Tod, zu einer Konferenz in Jerusalem. An ihr nahm ein Benediktinermönch aus Maria Laach teil, der auch zuvor Buber besucht und lang mit ihm über die Frage »Bleiben oder Gehen?« gesprochen hatte. Als wir entdeckten, welche Beziehungen uns mit Buber verbanden, sagte Fulbert kurz entschlossen »Dann gehen wir eben morgen zusammen an Bubers Grab.« Alles Weitere in meiner Lebensgeschichte nahm dort, in Jerusalem, seinen Anfang.

Unter meinen Israel-Papieren fand ich eine Rede, die ich auf Einladung der christlich-jüdischen Gesellschaft im Oktober 1967 in Köln gehalten habe. Sie begann so: »Meine Damen und Herren, Sie sind hierhergekommen, um für ein Land zu demonstrieren, das viele von Ihnen kennen und lieben, um diesem Land und seinen Bewohnern, die in einen Krieg gestürzt wurden, zu helfen, soweit dies möglich ist, und um Solidarität mit Israel auszudrücken, die uns Deutschen selbstverständlich sein sollte. Sie sind damit einen Schritt über die obrigkeitlich verhängte Neutralität hinausgegangen ... Angesichts des geplanten, bewußt angezettelten und versuchten Völkermords ist Neutralität unmöglich, und diejenigen, die gestern oder vorgestern dazu geraten haben, sich herauszuhalten, werden übermorgen vielleicht wieder erklären ›das haben wir nicht gewußt‹. Die Tatsache ist, daß wir es wissen – im Falle Vietnam und im Falle Israel, und wir können uns nicht die Augen zuhalten, auch nicht ein Auge, weil, wer sich die Augen zuhält, blind wird ... Mag das politische Kalkül mit Recht von jedem Schritt, der zu weiterer Eskalation des Konflikts führen könnte, abraten – das Gewissen nötigt uns, alles zu tun, was in unsern Kräften steht, gegen eine Wiederholung der Endlösung, wie sie im Krieg der Araber gegen Israel geplant war und wie sie in allen bisherigen Friedensschlüssen im Nahen Osten nicht als politisches Ziel aufgegeben worden ist ...«

Ich machte dann einen praktischen Vorschlag: Die Gesellschaft solle sich um arabische Studenten in Köln kümmern und mit ihnen andere als die offen eliminatorischen Positionen diskutieren. Daraus folgte nichts, nach meiner Erinnerung. Die Rede schloß noch einmal mit einem Hinweis auf Bubers Position, die in Israel selbst umstritten war. »Die Integration Israels gehört zum politischen Testament Martin Bubers. Er hat für Arbeitsgemeinschaften zwischen Arabern und Juden plädiert, er wollte das Bewußtsein des kulturellen Zusammenhangs beider Völker fördern, er suchte den Frieden, der nicht aus dem Rausch des Sieges erwächst, sondern aus der Vernunft, die den anderen annimmt. ›Warum tötet er?‹ fragte Buber angesichts eines arabischen Terroristen. ›Der innere Kern der Sache ist Furcht. Wegen Furcht gibt es keinen Frieden.‹

Lassen Sie uns hier die mühselige Arbeit der Aufklärung fortsetzen und Angst abbauen, wo sie uns begegnet. Wer heute den Arabern zu einem angstfreien Selbstbewußtsein verhilft, der hilft Israel. In unserer Welt ist der ›Sieg‹ allein kein Ziel mehr, für das es sich lohnte zu arbeiten, wohl aber der Frieden.«

Eine spätere Israelreise unternahmen wir mit einem Freund, der sich aus politischen Gründen lange geweigert hatte, das Land zu besuchen. Sowohl ihn als auch uns beide hatte der Holocaust tief geprägt. Aber er konnte in Israel kaum etwas anderes sehen als einen imperialistischen Brückenkopf im Nahen Osten. Mit diesem Menschen verband uns eine langjährige warme Freundschaft. In Israel wäre sie fast zerbrochen. Seine Kritik am Land trieb mich immer wieder in einen kaum auszuhaltenden Widerspruch. Gegen ihn führten wir alles auf, was für den Staat sprach. Ich »historisierte« das israelische Unrecht den Arabern gegenüber. Zugleich wußte ich, daß vieles an der Kritik des Freundes wahr war. Dies hatten mir meine israelischen Freunde selber gezeigt. Ich konnte in meinem Urteil über Israel nicht sachlich oder gar neutral sein. Ich fühlte mich in dem Zwang, für oder gegen das Land zu sein. Vielleicht ist dies noch ein Stück des alten Erbes, Juden nicht sein zu lassen, wie sie sind – gut oder unangenehm, witzig und charmant oder aufdringlich. Vielleicht ist es ein falscher Zwang, die Opfer unter allen Umständen unschuldig und im Recht zu sehen, vielleicht ist dieser – indessen gewachsene – Philosemitismus immer noch der Schatten des alten Erbes.

Die alte Freundin, die ich seit meinem ersten Besuch kenne, stammt aus einem atheistischen Berliner Elternhaus. Daß sie Jüdin ist, erfuhr sie mit 14 Jahren. Aber es bedeutete weder ihr noch ihren Eltern etwas. Im Land stieß sie endlich auf religiöse Traditionen. Das orthodoxe Judentum und die Verbindung von Religion und Macht stießen sie ab. Sie versuchte einen vorsichtigen Anschluß an eine Gruppe um einen liberalen Studentenrabbiner. Dann erlebte sie, wie einem Kibbuz der Koscherstempel auf seine Produkte vorenthalten wurde, weil die Vertreter des

Oberrabbinates um Pessach ein Stück Brot in der Küche fanden. Das war das Ende ihrer religiösen Versuche. Mich machte es traurig, für beide Partner des Konflikts.

Ich bin Christin. Was sagen mir die christlichen Gedenkstätten in jenem Land? Zwiespalt auch hier: Wenn ich am Jordan stehe oder wenn ich am See bin, wenn ich die judäischen Berge im Morgenlicht sehe, dann erinnere ich mich und sage: Hier war es! Ich binde meine Erinnerung an Steine, an Bäume, an Licht und an eine Felskluft. Der Glaube sucht die Fußspuren der eigenen Vergangenheit. Wenn ich aber die speziellen christlichen Stätten sehe – die Grabeskirche, die Via Dolorosa, die Unzahl von Klöstern, Priestern und Nonnen, dann weiß ich, da habe ich nichts zu suchen, und da werde ich nichts finden.
Und doch bleibt der Zwiespalt: Wenn ich eine Gruppe von christlichen Bäuerinnen aus Zypern sehe, die den Rosenkranz beten oder die Stelle küssen, an der Christus geboren sein soll, dann macht der Glaube der Menschen mir dies zum »Heiligen Land«. Der Glaube macht alle Bethlehems und Jerusalems besser, als sie sind.



Noch ein kleines, für mich unvergeßliches Erlebnis aus »meinem« Israel. An einem Freitagnachmittag fuhren wir mit einer unserer Töchter von Haifa nach Jerusalem. Wir sahen die Stadt vor uns liegen, die Sonne neigte sich schon tiefer, da sagte die noch nicht Zwölfjährige plötzlich, das Licht betrachtend: »Seid doch still, und beeilt euch, wir müssen in Jerusalem sein, ihr seht doch, daß die Königin Schabatt gleich einziehen will.«

# III. Aus der Diaspora

*Cilly Kugelmann*
*Markus Wolf*
*Julius H. Schoeps*
*Stefan Heym*
*Valentin Senger*
*Peter Stephan Jungk*
*Ralph Giordano*
*Susannah Heschel*
*Michael Walzer*

## *Cilly Kugelmann*
### *Tel Aviv am Main*

Schlägt man heute israelische Zeitungen auf, bekommt man ein Bild interner und internationaler Konflikte vermittelt, die typisch für Krisenregionen überall in der Welt sind. Die Hoffnung auf eine auch nur minimalistische Friedenskooperation mit den palästinensischen Nachbarn hat sich auf unabsehbare Zeit zerschlagen, und die Widersprüche im sozialen Gefüge der israelischen Gesellschaft nehmen zu. 

Der Kampf um die Definition, wer von wem als Jude zu bezeichnen ist, tritt in seine vorläufig radikalste Runde. Orthodoxe treten gegen Reformer an und machen ihnen das Recht streitig, Juden zu sein. Aber auch in den trivialen Niederungen alltäglicher Kriminalität hat die israelische Gesellschaft aufgeholt. Mord und Diebstahl nehmen, glaubt man der israelischen Presse, epidemische Ausmaße an, Autodiebe hatten es noch nie so gut, berichtete der *Jerusalem Report* im Oktober 1997. Der alte Traum von der jüdischen Normalität in einem eigenen Staat, in dem auch das Verbrechen seinen Platz hat, ist längst Wirklichkeit geworden. Von diesem realen Israel soll hier jedoch nicht die Rede sein, sondern vielmehr von einem utopischen Traumland der in Deutschland lebenden Juden.

Im Laufe der letzten 50 Jahre hat sich der illusionistische Blick auf das, was für die meisten Juden in Deutschland nach dem Holocaust das geheime Vaterland genannt werden kann, immer wieder verändert. Er hat sich in einem langsamen Prozeß gewissermaßen den unleugbaren politischen Realitäten angepaßt. Aus dem »right or wrong, my country« der politisierten sechziger Jahre haben sich die meisten Juden zu der pragmatischen Haltung durchgerungen, nach dem »glücklich ist, wer vergißt, was nicht mehr zu ändern ist«. Man steht der aktuellen israelischen Politik heute zwiespältiger gegenüber. Tausende haben sich in die Kondolenzlisten für den ermordeten Yitzhak Rabin eingetragen, was als Anzeichen für eine kritischere Haltung gegenüber der Unbeweglichkeit im Friedensprozeß gewertet werden kann. Doch man will sich die Laune von der Politik nicht ganz verderben lassen. Israel soll die spirituelle und emotionale Heimat bleiben, auch wenn sie labil und unberechenbar geworden ist. Die jeweiligen Regierungen des Staates sind schließlich selbst für ihre Maßnahmen verantwortlich, da soll man sich als Außenstehender nicht einmischen. So kann Israel als ein besonderer geographischer Bezugspunkt seine uneingeschränkte emotionale Bedeutung behalten. Aber damit haben wir schon den aktuellen status quo vorweggenommen.



*Israel, der Hafen der Geretteten*

Angefangen hat es nach Kriegsende mit einer Viertelmillion jüdischer Überlebender in den Westzonen des besetzten Deutschlands, die Europa so schnell wie möglich verlassen wollten. War die zionistische Idee in der Vorkriegszeit eine Option nur für eine Minderheit der Juden in Europa, so wurde die Auswanderung nach Kriegsende zu einer Massenbewegung. Die ersten Juden, mit denen viele Überlebende in Kontakt kamen, waren die Soldaten der Jüdischen Brigade innerhalb der britischen Armee. Zionistische Emissäre folgten als Berater und Helfer in den Lagern für jüdische *Displaced Persons*. Sie offerierten nicht nur eine einleuchtende Erklärung für den nationalsozialistischen Massenmord an den europäischen Juden, sie boten den Überlebenden auch die Möglichkeit, sich am Kampf um die Errichtung eines jüdischen Staats in Palästina zu beteiligen. Niemand hat den Mythos der Verkettung dieser Ereignisse besser ausgedrückt als Otto Preminger mit der Verfilmung des »Exodus«-Romans von Leon Uris. Die Opfer des Holocaust, so lautet die Botschaft des Films, erhalten die einmalige Chance, ihre als demütigend empfundene Wehr- und Tatenlosigkeit durch propagandistische und militärische Aktionen für das eigene Kollektiv zu kompensieren. Dabei stehen sich die vom Holocaust verschonten zionistischen Siedler und die europäischen Überlebenden mit kontroversen Konzepten über Mittel und Wege zur Erreichung ein und desselben Zieles, der Staatsgründung nämlich, gegenüber. Daß die politische Feindschaft als Familienzwist inszeniert wird, ist mehr als nur ein dramaturgisches Stilmittel. Die Konflikte werden innerhalb der Familie ausgetragen und, das ist entscheidend, auch familiär wieder versöhnt. Der Krieg, der 1948 nach der Übergabe des jüdischen Teilungsgebietes an die Zionisten beginnt, wird von einem geflohenen Nazi ausgelöst, der die arabischen Nachbarn gegen die Juden aufhetzt. Gegen den gemeinsamen deutschen Feind verbündet sich die durch die Nahost-Politik zerstrittene Familie, die nun gemeinsam gegen die arabischen Anrainer in den Krieg zieht, während sie symbolisch die Nazis bekämpft. Diese durch den Exodus-Film transportierte emotionale Perspektive prägte das Israelbild der Juden außerhalb Israels bis in die Zeit nach dem Sechstagekrieg. Die Dramaturgie der Konfliktbewältigung beschreibt die Bedingungen, die jahrzehntelang für die Austragung interner Konflikte galten. Nur im »Familienverband« wurde es geduldet, Kritik zu üben. Bündnispartner außerhalb des eigenen Kollektivs zu suchen, galt als verwerflicher Verrat. Diese starke emotionale Hinwendung zu dem neuen Staat war besonders im Nachkriegsleben der jüdischen Gemeinschaft in Deutschland spürbar. Von den nahezu 250000 Juden, die zwischen 1945 und 1948 in den Besatzungszonen Deutschlands darauf warteten, nach Übersee auswandern zu können, blieben nach Gründung der Bundesrepublik nur einige Tausend zurück, die meisten in der Selbsttäuschung, in naher Zukunft auszuwandern. Deutschland war in der jüdischen

Welt zur verbrannten Erde, zu einem verachteten Ort erklärt worden, den Juden in Zukunft meiden sollten – eine Haltung, die in Israel besonders ausgeprägt war. Bis Mitte der fünfziger Jahre war in die israelischen Reisepässe die Einschränkung »gültig für alle Länder mit Ausnahme von Deutschland« eingestempelt.

Personen, die sich mit voller Absicht für ein neues jüdisches Gemeinwesen Deutschland einsetzten, waren daher in der Minderheit und entstammten fast ausschließlich dem deutschen Judentum. Nicht selten waren diese »Männer der ersten Stunde« mit Christinnen verheiratet oder selbst bereits vor dem Krieg zum Christentum konvertiert. Ihre Motive rangierten von der Dankbarkeit gegenüber der Solidarität der nichtjüdischen Ehepartner bis zu den politischen Absichten, beim Aufbau eines neuen besseren Deutschlands mitzuhelfen. Die internationale jüdische Welt zeigte wenig Verständnis für die neu entstehende jüdisch-bundesrepublikanische Gemeinschaft, und nicht wenige betrachteten sie als Abtrünnige des jüdischen Volkes. Die nach Übersee und Israel ausgewanderten Juden und die zionistischen Vereinigungen vertraten die Überzeugung, daß Deutschland nicht mit neuen jüdischen Gemeinden »belohnt« werden dürfte – eine Haltung, die von den hier lebenden Juden insgeheim geteilt wurde. Diese neudeutschen Juden auf Widerruf versuchten das Unbehagen, keinen symbolischen Schlußstrich unter die Verfolgung gesetzt zu haben, durch eine bedingungslose Identifikation mit Israel auszugleichen. Die Entwicklung des neuen Staates war daher Hauptthema in allen jüdischen Publikationsorganen. Während der gesamten Lebensdauer der Illustrierten Beilage der »Allgemeinen jüdischen Wochenzeitung«, die von 1959 bis 1967 erschien, gehörten Bildberichte und Fotoreportagen über die Aufbauleistungen des Landes zu den zentralen Themen. Allein die Tatsache, daß ein Staat existierte, den Juden politisch durchgesetzt hatten, in dem eine jüdische Regierung Macht ausübte, setzte der Erniedrigung und Demütigung, die durch Antisemitismus, Verfolgung und Mord lange vor dem Holocaust das Lebensgefühl der Juden prägte, ein Ende. Israel wurde als Schutzmacht der Juden in aller Welt betrachtet und vermittelte ihnen ein bisher unbekanntes Gefühl von Selbstachtung und Selbstrespekt. Aber abgesehen davon: Wie auch hätten sich Juden, ob deutscher oder osteuropäischer Herkunft, mit der Kultur und der politisch-autoritären Atmosphäre der Adenauer-Ära identifizieren können? Die Illustrierten druckten Reportagen über heimkehrende Kriegsgefangene, Serien über Stalingrad und die Vertreibung der Deutschen aus den Ostgebieten. Die Literatur befaßte sich auf höherem Niveau mit ähnlichen Themen, in den Kinos liefen die »Silberwald«-Filme der fünfziger Jahre. Die nationalsozialistische Massenvernichtung blieb bis zum Ende der siebziger Jahre aus dem öffentlichen Diskurs nahezu völlig ausgespart. In dieser Hinsicht gab es im übrigen keinen Dissens mit der jüdischen Bevölkerung. Krieg und Niederlage sowie die Suche nach der Schuld und dem Verursacher an beiden standen weder auf der deutschen noch auf der jüdischen Agenda dieser Jahre, wenn auch die Gründe für diese Zurückhaltung nicht identisch oder auch nur vergleichbar waren. Die Berührungspunkte, die Deutsche wie Juden mit der Nazizeit verbanden, die Prozesse gegen Kriegsverbrecher und Massenmörder, die Gesetzgebung und die Ausführungsbestimmungen der Wiedergutmachung und Rückerstattung machten immer wieder deutlich, daß es zu diesen Themen keine gemeinsamen Positionen geben konnte.



### *Frankfurt am Jarkon*

Wenden wir uns jetzt von den globaleren Aspekten dem Mikrokosmos Frankfurt am Main zu, der Stadt, die bis 1989 im geographischen und intellektuellen Zentrum der Bundesrepublik lag. Die jüdische Gemeinde in Frankfurt kann sowohl als repräsentativ wie auch untypisch für die bundesrepublikanischen Verhältnisse gelten. Die Welt der jüdischen Gemeinde spiegelte wider, was die Stadt auch allgemein charakterisierte. Ihre Bürger sind in der Mehrheit Zugewanderte, deren Lokalpatriotismus aus der Idealisierung der permanenten Veränderung und dem entlastenden Fehlen eines nationalen Profils bestand. Anders als in Berlin, München oder Köln ermangelte es Frankfurt eines traditionellen

Lokalkolorits, dem sich Juden anschließen oder von dem sie sich distanzieren konnten. Die Innenstadt war zertrümmert und sollte auch nicht wieder aufgebaut werden. Was die Bomben nicht zerstört hatten, wurde von den Stadtverwaltungen niedergerissen, um einer neuen wirtschaftlichen Zukunft Platz zu machen. Frankfurt, die Stadt ohne heimische Kontur, die Schaltzentrale der amerikanischen Militärverwaltung, lud erfolgreicher als andere Städte zur Illusion eines radikalen Neubeginns nach Kriegsende ein. Vielleicht waren dies auch Gründe dafür, daß Frankfurt mit der stark dezimierten Zahl von etwas über 2000 Juden im Jahre 1949 seine Vorkriegsstellung als Ort mit der zweitgrößten jüdischen Gemeinde in Deutschland behaupten konnte.
Was die Zusammensetzung der jüdischen Gemeinde anbetrifft, so unterschied sich Frankfurt nicht von den übrigen Gemeinden in Deutschland. Sie waren und sind aus einer kleinen Minderheit deutscher ortsansässiger Juden, einer größeren Minderheit zugereister deutscher Juden aus anderen Städten, aus osteuropäischen Flüchtlingen und aus den zahlreichen politischen Emigrationen der Nachkriegszeit komponiert. Der Anteil der ehemaligen DPs war in Orten, die in der amerikanischen Besatzungszone lagen – und dort in der Nähe größerer US-Garnisonen –, besonders hoch. In Berlin, Hamburg und Nordrhein-Westfalen lebten mehr deutsche Juden als in den anderen Bundesländern, in Frankfurt gab es einen leichten Überhang von Juden aus dem Osten. Die drei großen jüdischen Gruppen der Nachkriegszeit prägten auch das Bild der Frankfurter Gemeinde: die sogenannte »Restgruppe« der Frankfurter und deutschen Juden, die DPs aus Osteuropa, zu denen auch jene Familien gehörten, die nach ein bis drei Jahren aus der Emigration wieder nach Deutschland kamen, und jene deutschen Juden, die während der dreißiger Jahre nach Palästina ausgewandert waren und ab Mitte der fünfziger Jahre aus unterschiedlichen Gründen zurückkehrten. Kennzeichnend für die Frankfurter Situation war, daß sich diese Gruppen sozial kaum mischten, was sich in gemeindeinternen Spannungen äußerte, in denen es unter anderem auch um die jeweiligen Haltungen zum und die politische Verortung im israelischen Staat ging. So einig sich alle waren, daß Israel der wichtigste Be-

zugspunkt war, Differenzen zwischen Anhängern linkszionistischer und rechtszionistischer Politik waren an der Tagesordnung. Dabei dürfte es weniger um Positionen zur israelischen Innen- oder Außenpolitik gegangen sein als vielmehr um die parteipolitische Lesart der Überlebenserfahrung und die damit zusammenhängende Mythologisierung der Staatsgründung. Während das sozialistische Lager eher die Siedlungsgeschichte der Pionierzeit betonte und die Überlebenden lediglich als politische Waffe im Kampf um die schon lange geplante Gründung des Staates eingesetzt sah, nahmen die Revisionisten emotional für sich in Anspruch, den Staat in erster Linie wegen der Massenvernichtung und für die Überlebenden errichtet zu haben. Bei allen Differenzen unter den Gemeindemitgliedern, die zum größten Teil auch Ausdruck zahlreicher Alltagsprobleme waren, wurde Israel von allen als Rettungshafen für Überlebende betrachtet, hegten alle ein idealisiertes Bild des Staates, das vornehmlich ganz andere als politische Sehnsüchte zu befriedigen hatte. Israel war so etwas wie ein schöner, starker, aber mittelloser und sozial isolierter Verwandter, auf den man stolz war und dessen Karriere man mit allen Mitteln unterstützen wollte. Er wurde als entschlossen und mutig, aber zugleich auch als schwach und ohnmächtig betrachtet – ein mächtiger und ohnmächtiger Bruder, der auf keinen Fall im Stich gelassen werden durfte.

Die Zuneigung zu Israel fand ihren visuellen Niederschlag in der künstlerischen Innengestaltung der Gemeindebauten. Von dem großen Haus- und Immobilienbesitz der 30000 Seelen zählenden Frankfurter Gemeinde der Vorkriegszeit erhielt die kleine Nachfolgerin nach Kriegsende fünf Liegenschaften zurück, darunter das ehemalige jüdische Gymnasium Philanthropin, das Krankenhaus und den Oppenheimerschen Kindergarten. Im Sommer 1945 bezog die Gemeindeverwaltung das Schulgebäude. Ein Gemeindezentrum mit Synagoge wurde in den Räumen des Kindergartens im Osten der Stadt eingerichtet, in dem auch die Religionsschule, das Jugendzentrum und ein Festsaal für Familien- und Gemeindefeiern untergebracht waren. Das unauffällige Haus, das sich in die Häuserzeile der Straße einordnete, ohne zu verraten, was es beherbergte, war »israelisch« dekoriert.

Ein ungarischer Maler, der Ende der fünfziger Jahre aus Israel nach Frankfurt kam, malte Treppenhaus und Festsaal in der Manier des israelischen Realismus aus, einem Stilgemisch aus Kubismus und realsozialistischer Ästhetik: Früchte, Gemüse, Pflanzen und wehende Bänder. Sie symbolisierten gleichermaßen die landwirtschaftlichen Produkte des neuen Staates wie die alttestamentarischen Wallfahrtsfeste. Die Wände waren mit Plakaten und israelischen Papierfähnchen geschmückt, die das israelische Innenministerium zum Einsatz für zionistische Auslandspropaganda produzieren ließ, was den Eindruck vermittelte, als handele es sich bei dem Gemeindezentrum um ein Reisebüro, das sich auf Kreuzfahrten ins Heilige Land spezialisiert hatte. Reklame für die Schiffe der ZIM-Line, die aus der Flotte der illegalen Einwandererschiffe hervorgegangen ist, mit Namen wie »Theodor Herzl« oder »Moledet« (Heimat), wechselte sich ab mit Darstellungen optimistisch dreinschauender Männer und Frauen in kurzen, blauen Shorts und Springerstiefeln, die lächelnd in gigantischen Orangenhainen standen und Obst pflükken. Kleine, auf billigem Papier gedruckte Poster mit den Portraits israelischer Politiker wie Chaim Weizmann, David Ben-Gurion und Golda Meir hingen in den Verwaltungsräumen, die ein wenig an die verstaubte Büroatmosphäre in sozialistischen Ländern erinnerten. In den Büros, die für die Religionsschule und die Jugendarbeit reserviert waren, arbeiteten viele Israel-Rückkehrer, die daran zu erkennen waren, daß sie, im Gegensatz zu den jiddisch sprechenden Eltern, entweder deutsch mit israelischem Akzent oder hebräisch mit deutschem Akzent sprachen. Letztere waren für die Erwachsenen zuständig. Die Jugendzentrumsleiter und Religionslehrer waren in diesen Jahren meist deutsche Juden, die als Jugendliche nach Palästina ausgewandert waren und nun als junge Erwachsene mit Zeitverträgen bei der jüdischen Gemeinde angestellt waren. Sie waren die ersten Botschafter Israels, mit denen die schon in der Bundesrepublik geborene Generation in Berührung kam. Das Bild, das sie von dem neuen Staat vermittelten, ähnelte dem der Plakate. Wenn von Israel die Rede war – die schlichte hebräische Bezeichnung »das Land« reichte aus, um es zu benennen –, ging es nicht um Krieg

und Verfolgung, nicht um das düstere Europa und das noch bedrückendere Deutschland, sondern um die vom Optimismus begünstigte Zukunft in einem sonnigen Land. Erst später sollten wir erkennen, daß diese Israelis, die in jeder Beziehung anders waren als die Kinder, die sie belehrten und betreuten, und die deshalb für echte, in Israel geborene »Sabras« gehalten wurden, eigentlich deutsch-jüdische Wandervögel waren, die tief in der Kultur der Weimarer Republik verankert waren.
Das galt um so mehr für die zionistischen Missionare, die 1958 anfingen, eine Jugendorganisation in Deutschland aufzubauen. Niemand störte sich daran, daß sie sich für ihre Aufgabe aus dem pädagogischen Arsenal der deutschen Jugendbewegung bedienten, mit dem später auch die Hitlerjugend beeindruckt werden sollte. Fahnenappelle und nächtliche Fackelzüge, paramilitärische Kampfübungen und Nachtwachen ums Lagerfeuer zur Abwehr arabischer Feinde sorgten bereits für eine innere Emigration, bevor der erste Nachkriegszionist Gelegenheit hatte, seine Koffer zu packen, um »ins Land aufzusteigen«. Die Zionistische Jugendorganisation arbeitete in harter Konkurrenz, aber mit schließlicher Billigung der jüdischen Gemeinden daran, wenigstens die Kinder vor der Gefahr zu bewahren, ihre Zukunft in Deutschland verbringen zu müssen. Worin genau die Konfrontation zwischen Zionisten und Gemeinden bestand, blieb unklar. Schließlich betrachteten beide Deutschland als Durchgangsstation. Die einen ideologisch begründet, die anderen als eher vages Lebensgefühl; die einen mit dem konkreten Vorhaben, spätestens nach der Schulausbildung nach Israel zu emigrieren, die anderen ohne theoretisch untermauerte Zukunftsplanung. Ausgewandert sind schließlich viele – und vermutlich sogar mehr aus dem nichtideologischen Lager.



### *Tel Aviv am Main*

Den patriotischen Höhepunkt und für die Nachkriegsgeneration auch den Wendepunkt erreichte die Israelbegeisterung mit dem Sechstagekrieg. Die älteren Gemeindemitglieder zeichneten die sogenannten Israel-Bonds, um den Staat in der Zeit seiner größten Bedrohung finanziell zu unterstützen, die jüngeren warben für die israelische Politik in den Schulen, und manche versuchten gar – vergeblich –, sich als Freiwillige für die israelische Armee rekrutieren zu lassen. Dieser Krieg und die politischen Folgen spalteten die Frankfurter Gemeinde. Ein Generationenkonflikt entbrannte, der über die Frage nach der Moral und Legitimität der israelischen Besetzung der Westbank ausgetragen wurde. Es war die Zeit des »linken Antizionismus«, einer neuen Spielart antisemitisch gefärbter Haltungen; der ersten palästinensischen Attentate auf zivile Ziele außerhalb Israels, die den Staat und jüdische Gemeinden in aller Welt beunruhigten und für eine Kalte-Krieg-Stimmung sorgten. In Israel formierte sich eine außerparlamentarische Opposition gegen die Regierungspolitik, die auch nach Deutschland ausstrahlte. Ihre Mitglieder wurden hier wie dort als Nestbeschmutzer und Vaterlandsverräter denunziert. In Israel standen Kontakte zu Palästinensern unter Strafe, in Frankfurt wurden jüdische Israelkritiker von Mitgliedern der Gemeinde tätlich bedroht und als jüdische Selbsthasser verleumdet.



Die Ereignisse im Umfeld des 1967er Krieges haben in gewisser Weise das auf Projektion und Imagination beruhende Verhältnis zwischen den Frankfurter Juden und Israel unerwartet konkretisiert. Die militärische Politik der »sicheren Grenzen« in Israel fand seinen Niederschlag in der Absicherung der Gemeindeeinrichtungen in Frankfurt. Im Laufe der Jahrzehnte nach dem Sechstagekrieg wandelte sich die jüdische Gemeinde vom »israelischen Reisebüro« in einen von Polizei und privaten Sicherheitskräften geschützten Hochsicherheitstrakt. Inwieweit auch hier die tiefe psychologische Bindung an Israel als Hintergrundmotivation für das verstärkte Sicherheitsbedürfnis eine Rolle gespielt hat, soll hier offengelassen werden.

In den vergangenen zwanzig Jahren hat sich die bedingungslose Hingabe an das heimliche Vaterland etwas abgekühlt. Ein Grundgefühl sympathisierender Solidarität mit Staat und Gesellschaft ist erhalten geblieben, aber die politische Entwicklung wird von immer mehr Gemeindemitgliedern mit einer gewissen Skepsis beobachtet. Die Plakate, Fähnchen und Politikerbilder sind längst aus den Verwaltungsbüros verschwunden. Aus dem ehemaligen Kindergarten, der zum Gemeindezentrum wurde, ist inzwischen eine Wohnanlage für russische Zuwanderer geworden. Die Gemeinde ist aus dem Osten in den Westen der Stadt gezogen und besitzt einen modernen Neubau, der sich symbolisch auf die Erinnerung an die Katastrophe der Massenvernichtung und nicht mehr auf den Stolz auf einen eigenen Staat bezieht. Eine Gewichtsverschiebung der identifikatorischen Instanzen von Israel auf den Holocaust hat stattgefunden, unterstützt durch die immer stärker werdende Wahrnehmung der nationalsozialistischen Vergangenheit auch in der deutschen Gesellschaft. Seit der Selbstauflösung der DDR 1989 und der Neuformulierung eines neuen Deutschlandbildes haben bedeutende Persönlichkeiten der bundesrepublikanischen Gemeinden den Leitgedanken vom deutschen Staatsbürger jüdischen Glaubens wiederentdeckt. Mit der Bundesrepublik als neu gewonnener Heimat tritt Israel als Privatissimum ins zweite Glied zurück. Es ist nicht mehr das unterentwickelte Land, für das politisch geworben und Geld gespendet werden muß, sondern ein moderner Ferien- und Vergnügungspark mit Familienanschluß, in dem man einen großen Teil seiner Freizeit verbringt, Hochzeiten, Bar-Mitzwas und religiöse Festtage feiert und manche eine Zweitwohnung besitzen. Aus den Fundraisern der Nachkriegsjahre sind Investoren in den Immobilienmarkt und die Touristikbranche geworden. Das finanzielle Engagement von Frankfurter Juden für Plätze und Brunnen, Parks, Hochschulfakultäten und nicht zuletzt die Investititonen in die großen Hoteltürme an der Strandpromenade von Tel Aviv ist dessen Bewohnern nicht verborgen geblieben; davon zeugt die volkstümliche Bezeichnung »Frankfurt-Straße« für eine der Hauptverkehrsachsen der Stadt.

Für eine nicht unbeträchtliche Zahl der hiesigen Juden sind Tel Aviv und Frankfurt zu zwei Teilen eines Lebensortes zusammengewachsen, die man dank der modernen Transport- und Informationstechnologie gleichzeitig problemlos bewohnen kann. Die Heimat hat im fiktionalen »Überall und Nirgendwo« ihren Ort gefunden. Und unterwegs ist es sowieso am schönsten.

## *Markus Wolf*

*Die erste Begegnung*
*oder: »Das nächste Mal in Jerusalem«*



Die Reise nach Israel auf Einladung der Zeitung MAARIV, als solche gewünscht und bemerkenswert, erhielt überraschend einen besonderen Akzent. Die für Mitte März 1996 geplante Reise zu meinem Verlag *Random House* in New York konnte nicht stattfinden, weil das State Department mir nach einwöchiger Überlegung die Einreise mit der Begründung verweigerte, ich hätte mich an »terroristischen Aktivitäten beteiligt«. Zwei Tage nach dieser Einreiseverweigerung erhielt ich vom israelischen Konsul innerhalb von zwei Minuten das Visum für das Gelobte Land für die Dauer der Gültigkeit meines Passes bis 2005.
Nicht ohne Zögern beginne ich, über die Reise zu schreiben, denn Rückschau haltend wurde mir klar, daß sich in meiner Beziehung zu Israel die Narben des kalten Krieges nicht ausklammern lassen und mein Wissen über die Geschichte der Juden große Lücken aufweist. Aber die Vertreibung unserer Familie aus Deutschland durch die Nazis, die Diffamierung des Vaters als Jude, das Interesse für die Hintergründe der Verfolgung, für Palästina, hatten meine Neugier während unseres Exils und wäh-

rend meiner Tätigkeit nach dem Krieg beim Berliner Rundfunk und schließlich als Leiter des Außenpolitischen Nachrichtendienstes der DDR wach gehalten. Die Schlüsselfigur dabei war sicherlich der Vater, der sich bis zu seinem Tod gern nach dem Helden seines bekanntesten Dramas als »Mamlock« bezeichnete. Seine Herkunft aus dem jüdischen Elternhaus, das ihn gern im Amt eines Rabbi gesehen hätte, und seine literarische Beschäftigung mit jüdischer Geschichte hatten mein Interesse unbewußt genährt. Erst nach unserer Rückkehr aus dem Exil zeigte er mir ein Zeugnis aus der Zeit vor dem I. Weltkrieg, auf dem er die Eintragung über seinen Glauben durchgestrichen und durch das Wort »Dissident« ersetzt hatte. Damit artikulierte er seine Befreiung aus der Religion der jüdischen Familie.

Bis zu meiner Begegnung mit Rabbi Tsvi Weinman im Sommer 1990 hatte ich, nach meiner Erinnerung, keine Begegnungen mit gläubigen Juden – auch in Moskau nicht, wo mehrere meiner Schulfreunde in ihren Pässen als Juden ausgewiesen waren. Die wenigen Älteren, die Jiddisch sprachen, waren in der Regel assimilierte sowjetische Intellektuelle. Wir kannten die Bücher Scholem Alejchems, begeisterten uns für die Inszenierung des »Tewje« am Moskauer Jüdischen Theater mit den großartigen Schauspielern Blumenthal-Tamarina, Michoels und Suskin. Der Antisemitismus unter Stalin war uns damals nicht bewußt, erst die 50er Jahre, als ihm neben anderen auch einige dieser Schauspieler zum Opfer fielen, öffneten mir die Augen. Als Jugendliche ließen wir uns noch von dem hervorragend inszenierten Propagandafilm »Die Glückssucher« über die Jüdische Autonome Sowjetrepublik Birobidshan im Fernen Osten beeindrukken, die als Ersatz für das Gelobte Land gegründet worden war. In diesem Film spielte neben den genannten prominenten Schauspielern auch der später nach den USA ausgewanderte deutsche Jude Alexander Granach.

Als 1948 mit sowjetischer Zustimmung tatsächlich ein jüdischer Staat proklamiert wurde, war mein Wissen über das ehemalige Palästina von Reise- und Abenteuerliteratur bestimmt. Mein Blick auf diesen Staat war von Anfang an durch die »politische Brille« getrübt. Er existierte in meinem Bewußtsein als bevorzugter Juniorpartner der USA auf der Seite der Gegner im kalten Krieg, der im Nahen Osten mehrmals zum heißen wurde. Dennoch blieb meine Neugier gegenüber diesem Land eine andere als die des Spionagechefs. Israel blieb aus jeglicher Aktivität meines Dienstes stets ausgeklammert. Was ist Israel für ein Land, was geht dort vor, war immer eine Frage, die ich Menschen stellte, die dort waren. Was ist Zionismus? Nur ein negativ besetzter Begriff? Wie sieht Sozialismus in den Kibbuzim aus?

Es war kein unüberlegter Einfall, als ich 1990 Israel als möglichen Zufluchtsort in Betracht zog, um der mit der bevorstehenden Vereinigung beider deutscher Staaten einsetzenden Hysterie und Hektik um meine Person für einige Zeit zu entgehen. Im Sommer hatte uns Rabbi Weinman, der mir als wichtiger Würdenträger in der orthodoxen Hierarchie in Jerusalem angekündigt war, in unserer Berliner Wohnung besucht. Kleidung und Verhalten beim Essen und Trinken wiesen ihn als gläubigen Juden aus. Er war etwa Mitte Fünfzig, aufmerksam und kontaktfreudig. Die jüdische Herkunft meiner Familie interessierte ihn und die erwartete Strafverfolgung, nicht meine frühere Tätigkeit. Mit ihm sprach ich über mein Interesse an Israel. Von da an telefonierten wir regelmäßig, und die Anzahl von Bild- und Textpublikationen über Israel auf meinem Schreibtisch wuchs stetig. Aber damals konnte die Reise nicht verwirklicht werden. Kurz vor unserer geplanten Ausreise erreichte mich ein Anruf des Rabbi, der mich, selbst enttäuscht, darüber informierte, daß ich zu der Zeit nicht willkommen sei.

Nun, 1996, lagen bewegte Jahre hinter meiner Frau und mir. Jetzt sollte ich Israel wirklich kennenlernen. Am 24. März begann unsere Reise nach Israel. Nach knapp vier Stunden Flug landeten Andrea und ich auf dem Flughafen »Ben Gurion« bei Tel Aviv. Vom Ausstieg an wurden wir aufmerksam betreut. Gad Shimron, Bonner Korrespondent der Zeitung, war unser Begleiter. Seine schon bei den Telefonaten erkennbare muntere Freundlichkeit bestätigte sich während des gesamten Aufenthalts. Der uns bis zum Abschluß des »offiziellen« Teils der Reise begleitende Fotograf und ein Kameramann waren erfahrene Meister ihres Fachs. Schon auf der Strecke vom Flughafen direkt in das abendliche Jerusalem lenkten Gads Kommentare auf das Hauptproblem dieses an der Mittelmeerküste langgezogenen kleinen Landes, das in Jerusalem selbst am krassesten hervortritt: »Hier verlief direkt neben der Straße die Grenze zu Jordanien«; »Hier waren harte Kämpfe mit den Ägyptern«; »Dieser Abschnitt war arabisch kontrolliert.«

In der Empfangshalle des »Hyatt«-Hotels, auf der nördlichen Anhöhe der Stadt gelegen, wurden wir von Rabbi Weinman erwartet. Mit ihm lernten wir in den folgenden Tagen »mein Israel« kennen. Die Wirklichkeit war so ganz anders, aber dennoch nicht weniger faszinierend, als ich mir das Land vorgestellt hatte. Noch am Abend machten wir einen Gang durch die Altstadt von Jerusalem. Der Weg außerhalb der von den Türken errichteten letzten Stadtmauer mit ihren imposanten Türmen und harmonischen Zinnen wurde von Rabbi Weinman mit ähnlichen Kommentaren begleitet, wie wir sie von Gad gehört hatten. Bis zum Sechstagekrieg war Jerusalem komplizierter geteilt als Berlin. Die volle Inbesitznahme durch Israel ist international nicht anerkannt, wie auch die Besetzung anderer Teile des jetzigen Israel. Rabbi Weinman meinte, irgendwann werde es vielleicht eine Art gemeinsamer Verwaltung unter israelischer Kontrolle geben.

Ich dachte an das komplizierte Verhältnis zwischen DDR und Israel, das auch meine Sicht auf dieses Land beeinflußt hatte. Als die Welt noch in Blöcke und Lager zerfiel, waren Israelis, Araber und die Bürger beider deutschen Staaten politische und militärische Partner der Weltmächte. Da gab es kaum eigene Spielräume. In diesem weltpolitischen Geflecht spielte die Frage nach dem Umgang mit der Erinnerung an den Holocaust eine Rolle. Zu lange meinte die politische Führung der DDR, das moralische Erbe der Verbrechen des Nazireichs allein der westdeutschen Bundesrepublik zuordnen zu können. Erst am 12. 4. 1990 baten die Abgeordneten der letzten Volkskammer der DDR »die Juden in aller Welt um Verzeihung«. Die Beziehungen zu Israel waren überdies belastet durch die Kontakte der DDR zu arabischen Staaten und zu palästinensischen Organisationen wie Yassir Arafats PLO. Diese werden im Westen, besonders in den USA, immer noch meinem Dienst und mir als Unterstützung des internationalen Terrorismus angelastet. Um so bemerkenswerter war, daß diese Anschuldigung bei meinen Gesprächen in Israel überhaupt keine Rolle spielte. Den Palästinensern war übrigens seinerzeit sehr bald klar geworden, daß von meinem Dienst keine Beteiligung an Anschlägen gegen Israel und keine Geheiminformationen über Israel zu erwarten waren.

Der Spaziergang durch die fast menschenleere Altstadt entlang der alten Mauer durch den armenischen Teil bis zur Klagemauer wurde für Andrea und mich zu einer unvergeßlichen Begegnung mit 3000 Jahren Geschichte der Heiligen Stadt, in der Völkerschaften, Epochen und Jahrhunderte ihre Spuren und Relikte hinterlassen haben. Über die Klagemauer, ehedem westliche Mauer des von den Römern zerstörten zweiten Tempels der Juden, kann man alles nachlesen, doch sie zum ersten Mal selbst sehen, das uralte kühle Gestein unter den Händen zu spüren, das kann kein Buch ersetzen. Andrea ließ es sich nicht nehmen, ihre Wunschzettel schon an diesem Abend in dem für Frauen abgegrenzten Teil in den Mauerfugen zu hinterlegen. Ich hob mir dies für den nächsten Besuch der Altstadt auf.



Am nächsten Tag hatte schon am frühen Morgen, beim Blick aus dem Hotelfenster, eine ungewohnte Helle am Himmel die Phantasie angeregt. Die Anhänger des Jesus von Nazareth in den Gewändern jener Zeit begegneten sich auf dem Ölberg mit den Bewohnern der Stadt, römische Legionäre tauchten ebenso auf wie Kreuzritter und ottomanische Krieger. Ich stellte mir vor, wie Michail Bulgakow vom Ölberg kam und nach dem Erlebnis der Kreuzigung, durch die auch die Utopie des Jeschua vom guten Menschenreich vernichtet werden sollte, seinen Roman »Der Meister und Margarita« schrieb. Dichterschicksale in Rußland und Bulgakows Brief an Stalin, in dem er um Gnade für den Dramatiker Erdmann bat, waren plötzlich ebenso da wie Kaiphas, Pontius Pilatus und die Kriegsknechte. Würfelten sie um ein Gewand oder um das Vorrecht, den Prediger einer Utopie grausam zu töten?

Draußen war es für die Jahreszeit viel zu kalt. Selbst Gad hatte einen solchen März noch nicht erlebt. Er begleitete uns nach Tel Aviv zu den dort von seiner Zeitung arrangierten Gesprächen.

Nach einer Begegnung mit Redakteuren des Blattes, die viele hartnäckige Fragen stellten, doch ohne jeden unangenehmen Beigeschmack, kam es nacheinander zu Treffen mit Leitern der drei wichtigen israelischen Geheimdienste, des Mossad, des militärischen Dienstes und des Allgemeinen Sicherheitsdienstes Schabak. Es wurden sehr lange und angeregte, von gegenseitigem Respekt getragene Gespräche. Das besondere der Tage in Tel Aviv aber war die Begegnung mit dem ehemaligen Ministerpräsidenten Yitzhak Schamir. Eine legendäre Gestalt der Kämpfe vor 1947, danach auch im Mossad, bis er unter Begin und dem Likudblock Außenminister, schließlich Premier wurde. Kein Freund der Deutschen und Russen. Nach der Vorstellung im Beisein der Redakteure und den obligatorischen Fotos sprachen wir allein, über eine Stunde. Wir tauschten die Meinungen über Politik und Politiker aus, dabei sprach Schamir auch über seine Begegnungen mit Helmut Schmidt, Helmut Kohl und Michail Gorbatschow. Bei Schmidt glaubte er emotionales Mitgehen verspürt zu haben, das Kohl sicher abging, Gorbatschow habe die deutsche Einheit ohne Gegenleistung verkauft. Darin stimmten wir überein. Er fragte, ob ich noch Marxist sei. Auf meine bejahende Antwort erzählte er die auch in seinen Memoiren geschilderte Begebenheit während seiner Internierung in Djibuti. Der mitinternierte Vietnamese, ein enger Mitarbeiter Ho Chi Mins, habe ihm die baldige Unabhängigkeit Israels richtig vorausgesagt und sich dabei auf seine marxistische Analyse berufen. Wir vereinbarten den Austausch unserer Bücher. Er schickte mir die amerikanische Ausgabe seiner Memoiren mit freundlicher Widmung, von mir erhielt er die DDR-Ausgabe der »Troika«.

Am nächsten Tag fuhren wir mit Gad zur Gedenk- und Erinnerungsstätte der drei israelischen Geheimdienste. Dort wurden wir von dem Leiter, einem Veteranen des militärischen Dienstes, Generalmajor a.D. Shlomo Gazit, sehr herzlich begrüßt. Er schilderte Struktur und Aufgaben der Einrichtung so, wie es auch in der DDR hätte geschehen können. Wir ehrten die Toten, derer an dieser Stelle gedacht wurde.

Zurück in Jerusalem, brach die Erinnerung an die Millionen Opfer des Holocaust in Yad Vashem überwältigend über uns herein.

Sie war auch mit dem Schicksal enger Verwandter verknüpft. Als wir durch die Gedenkstätte gingen, dachten wir an den Onkel des Vaters Moritz Meyer, unser »Öhmchen«, der im KZ Mauthausen ermordet wurde, wir gedachten auch der Kinder Hanna und Claire, die mit ihrer Mutter, der Tante des Vaters, in der Gaskammer starben. Wir haben ihre Fotos und uns vorliegende Dokumente dem Archiv von Yad Vashem übersandt, damit das Gedächtnis an die Shoah, gleich einem Mosaikbild, auch durch ihr Schicksal vervollständigt wird.

Stille Begleiter waren auch unser Vater, die Mutter und der Bruder Konrad. Jeder von uns hat auf seine Weise gegen die Nazibarbarei gekämpft und ihre Verbrechen öffentlich gemacht. Der Vater wurde mit seinem Drama »Professor Mamlock«, dem 1933 mit heißer Feder geschriebenen literarischen Werk über die Judenverfolgung in Deutschland, über Europa hinaus bekannt. Der Bruder, dessen langer Weg in den Reihen der Roten Armee vom Kaukasus bis kurz vor Berlin geführt hatte, griff als Regisseur 1959 in seinem Film »Sterne« lange vor »Schindlers Liste« das Thema am Beispiel des jüdischen Mädchens Ruth und deren Transport mit ihren Schicksalsgefährten in das Vernichtungslager auf. In meinen Rundfunkkommentaren vom Nürnberger Prozeß gegen die Hauptkriegsverbrecher berichtete ich von den schwer zu ertragenden Filmdokumenten der Massenexekutionen und appellierte an meine Zuhörer, alles zu tun, damit sich derartiges niemals wiederholt.

Yad Vashem hat das alles wachgerüttelt, und wieder mußte ich mich fragen, warum es uns so ungenügend gelungen ist, dieses Wissen und den Appell an das Gewissen lebendig zu erhalten. Yad Vashem ist der Ort, der das Versäumte bei der Aufarbeitung der Geschichte ausfüllen und darüber hinaus das Israel der Gegenwart verständlicher machen kann.

Anders, doch abermals auf berührende Weise, verknüpfte sich Persönliches mit Israel während eines Besuchs bei dem 90jährigen Schauspieler Shlomo Finkel. 1934 hatte er im Habimah-Theater in Tel Aviv die Titelrolle in »Professor Mannheim« gespielt, aus dem kurz danach »Professor Mamlock« wurde. Ein kleiner Kreis hatte sich in Finkels Wohnung zu unserem Empfang eingefunden: Tochter und Enkeltochter, ein lebhaft redender Verehrer Finkels, der Sohn eines 1934 ermordeten Mitstreiters Ben Gurions, nach dem eine der Hauptstraßen Tel Avivs benannt ist. Der recht vital wirkende und zur Zeit unseres Besuchs immer noch auf der Bühne agierende Finkel hielt ein kleines Heft mit den handgeschriebenen Rollenauszügen der damaligen Aufführung in der Hand. Er sei dem Regisseur Leopold Lindtberg, der »Mamlock« auch in Zürich inszenierte, unendlich dankbar, denn durch dieses Stück, das vier Jahre erfolgreich auf dem Spielplan stand, habe er den Weg vom expressionistischen Ausdruck zur realistischen Darstellung gefunden. Zuerst sei ihm das Stück wie eine Reportage erschienen. Es sei aber ein gutes Theaterstück. Als wir uns gesetzt hatten, geriet Finkel, ein vorzügliches Deutsch sprechend, ins Schwärmen über das Theater in Deutschland vor 1933, über Max Reinhardt, Moissi, Pallenberg.

Selbstverständlich haben wir auch bekannte Touristenziele besucht, waren den archaischen Spuren bis Masada gefolgt und von der Landschaft um den See Genezareth, in der die Zeit stillzustehen schien, ebenso beeindruckt wie von der Herbheit der Golan-Höhen, als wir wieder in Jerusalem spät abends von Rabbi Weinman in das Viertel Mea She'arim geführt wurden. Schon auf dem Weg dorthin begegneten wir den schwarzgekleideten Gestalten mit Hut oder Kippa, Gartl, Schläfenlocken. Vor dem Hof eines halbzerfallenen Gebäudes standen wir neben einem Stoß Brennholz von Wurzeln der Olivenbäume. Der Rabbi setzte mir seine unter dem Hut hervorgeholte schwarze Kippa auf. Andrea und der mit uns bekannte Historiker Tom Segev, der mit uns war, mußten vor dem Eingang warten, während ich zum Ort der geheiligten Handlung geführt wurde: das Backen der Mazza vor Pessach. Aus dem Backofen loderte das offene Feuer und warf flackerndes Licht auf die sich emsig bewegenden Gestalten. Zwei Männer schoben auf langen Holzstäben die gleichmäßig runden Teigfladen in den Ofen. Andere schichteten die fertige knusprige Mazza in Kartons zum Verkauf. Der Technologie rückwärts folgend, gelangte ich in den nächsten Raum, in dem ein Dutzend munter wirkende ältere und jüngere Männer,

alle streng orthodox gekleidet, den angerichteten Teig in gleichmäßig große Rollen zerteilten, die sie von einem zum anderen weitergaben, bis die Fladen zur vorgeschriebenen Größe dünn gewalzt beim Anführer landeten und von diesem hochgeworfen durch die Luft flogen, um auf den schon beschriebenen Stangen zum Backen aufgehängt zu werden.
Durch Gesten forderte mich ein allein mit einer Metallschüssel in der Ecke sitzender Bäcker auf, seine Fertigkeit zu begutachten. Von Mehl weiß eingehüllt, empfing er aus einer kleinen Öffnung in der Wand die Zutaten Wasser und Mehl, um sie in Windeseile zu Teig zu vermengen, denn die Mazza muß innerhalb von 8 Minuten fertig gebacken sein, sonst wird sie als nicht koscher verworfen. Beim Blick in den Raum traute ich meinen Augen nicht: Andrea stand, ihren blonden Haarschopf unbedeckt, inmitten der Zeremonie. Die Autorität unseres Rabbi muß uneingeschränkt groß sein, um eine Frau in das Heiligtum orthodoxer Männer einschleusen zu können.
Diesem Erlebnis schloß sich nach Mitternacht ein Rundgang durch dieses unverwechselbare Viertel an, in dem man sich um einige hundert Jahre in ein osteuropäisches Shtetl zurückversetzt fühlen kann. Auf dem von Wäscheleinen durchzogenen Platz vor der Synagoge tönte Kinderlärm aus dem oberen Geschoß des Gebäudes. Was ich nicht zu sagen wagte, sprach Tom Segev aus: »Es klingt nicht nur wie eine Judenschule, es ist eine.« Tatsächlich befand sich dort ein *bet midrasch*, in dem auch in der Nacht Unterricht gegeben wurde. Die Schüler beschäftigten sich mit den Weisheiten des Talmud und diskutierten laut darüber.

Wenn ich an dieser Stelle den Fluß unserer Erlebnisse abbreche und noch immer nicht behaupten kann, »mein Israel« gefunden zu haben, so weiß ich, durch meine erste Reise bestärkt, daß ich es weiter suchen und vielleicht mit all seinen Verheißungen finden werde. Wir verließen Israel mit dem von vielen Bekannten und Freunden gehörten Vorsatz: »Das nächste Mal in Jerusalem« und mit dem Wunsch: »Schalom, Israel. Schalom!«

## *Julius H. Schoeps*
### *Das Land, in dem die »Jeckes« leben*

Mein Verhältnis zu Israel ist kompliziert. Ich halte mich zwar regelmäßig dort auf, aber ich habe nie erwogen, dorthin überzusiedeln, also auf »Alijah« zu gehen, wie es in der zionistischen Terminologie heißt. Daß ich das nicht tat, hatte und hat eigentlich zwei Gründe. Zum einen hat mich der Zionismus in der Sache nicht so überzeugt, daß ich ihn in mein Lebensprogramm aufgenommen hätte. Zum anderen entstamme ich einer Familie, die sich stets zu Deutschland und dem Deutschtum bekannt hat und mit den Ideen des Zionismus nicht viel anfangen konnte. 

Alles, so versuchte mein Vater meinem Bruder und mir einzubleuen, dürften wir werden, nicht aber – und entscheidend war dabei die Reihenfolge seiner Aufzählung – Zionisten, Kommunisten oder Sozialisten. Die väterlichen Ermahnungen haben mein Bruder und ich seinerzeit zwar nicht ernst genommen, aber sie hatten dennoch die gewünschte Wirkung. Kommunist oder Sozialist bin ich nicht geworden; und zum Zionismus habe ich mich schon deshalb nicht bekennen können, weil ich tiefsitzende Vorbehalte gegen jede Art von Bewegung habe, die sich als »national« begreift.

Der Zionismus, die Idee eines jüdischen Staates, war für meinen

Vater schon aus religiösen Gründen nicht akzeptabel gewesen. Er vertrat eine fast ultra-orthodoxe Position. Die Schaffung eines jüdischen Staates, so meinte er, stehe erst dann an, wenn das Kommen des Messias Wirklichkeit geworden sei. An Schalom Ben Chorin, mit dem mein Vater über dreißig Jahre lang in einem regen Briefwechsel stand, schrieb er zum Beispiel kurz nach Kriegsende: »Sie und ich werden möglicherweise noch mit ansehen müssen, daß Israel die Katastrophe des Zionismus überleben wird. Denn wer weiß, ob nicht das Land noch zu unseren Lebzeiten seine Bewohner ausspeien wird, weil sie noch nicht einmal den Versuch gemacht haben, das Reich vor der Zeit aufzurichten.«

Die Gründung des Staates Israel hat mein Vater zur Kenntnis genommen, mehr nicht. Sein Urteil stand fest. Er hat sich Zeit seines Lebens nicht überwinden können, eine Reise dorthin zu unternehmen. Als ich ihn Ende der siebziger Jahre – damals hielt ich mich wegen einer Gastprofessur für ein Jahr in Tel Aviv auf – zu einem kurzen Besuch zu überreden versuchte, lehnte mein Vater ab. Er tat das mit der Begründung, zu bestimmten Lebensentscheidungen müsse man stehen, wolle man nicht vor sich selbst unglaubhaft werden. Schon als junger Mensch habe er sich gegen den Zionismus entschieden.

Im Vergleich mit meinem Vater war mein Verhältnis zu Israel sehr viel unbefangener. Als kleiner Junge kannte ich noch nicht die traumatischen Belastungen, die sich aus der deutsch-jüdischen Beziehungsgeschichte ergeben. Mit dem Antisemitismus konnte ich ebensowenig anfangen wie mit dem Zionismus, von dem ich damals noch nicht wußte, daß er seit Herzls Zeiten das Ziel hatte, den Juden eine nationale Heimstätte zu verschaffen. Israel war für mich nur das Land der Bibel, und ich verband mit ihm keine oder nur undeutliche Bilder oder Vorstellungen, allenfalls einige Geschichten und Sagen aus dem Religionsunterricht.

Andererseits verband mich mit Israel eine durchaus reale Beziehung. Von dort trafen nämlich in regelmäßigen Abständen Briefe ein. Auf den Couverts prangten bunte, fremdartig anmutende Briefmarken, die mich schon ihrer Motive wegen faszinierten.

Wie jeder Junge, der begeistert alles sammelt, was ihm in die Finger kommt, war ich bemüht, in den Besitz dieser Briefmarken zu kommen. Gelang mir das (was nicht immer einfach war, weil es auch andere Bewerber gab), dann machte ich mich daran, sie auszuschneiden, sie im mit Wasser gefüllten Badezimmerbecken vom Papier zu lösen und zwischen zwei Löschblättern in den Schulheften zu trocknen. Ich war sehr stolz darauf, in meiner Briefmarkensammlung einige Stücke zu besitzen, um die mich meine Klassenkameraden in der Erlanger Volksschule beneideten. Ich habe manches gute Tauschgeschäft gemacht.
Mit den Briefmarken verbinde ich aber noch eine andere, eher beiläufige Erinnerung. Am Tage meiner Bar Mitzwa wurde mir ein Brief überreicht, dessen Absender mir nichts sagte. Es war, wie sich beim Öffnen herausstellte, ein Gratulationsschreiben des damaligen israelischen Postministers Josef Burg. Dem Brief, in dem mir der aus Dresden stammende Burg alles Gute zur Aufnahme in den Kreis der Erwachsenen wünschte, lag eine Kollektion aller bis dahin erschienenen Briefmarken des jungen Staates Israel bei. Die Briefmarken besitze ich leider nicht mehr, aber ich erinnere mich noch gut, wie sehr ich mich über das Geschenk gefreut habe.
Wer dieser Herr war, der dem Bar-Mitzwa-Jungen im Nachkriegsdeutschland ein Dutzend Briefmarken als Geschenk schickte, wußte ich damals nicht. Fünfunddreißig Jahre später traf ich Burg bei einer Veranstaltung in irgendeiner Stadt in Deutschland. Als ich ihm vorgestellt wurde, sah er mich an, dachte einen Augenblick nach und fragte dann zu meiner Überraschung, ob ich vielleicht der kleine Junge sei, dem er vor vielen Jahren in seiner Funktion als Postminister Briefmarken zur Bar Mitzwa geschickt hätte.

Israel und der Zionismus haben mich lange Zeit nicht oder nur am Rande beschäftigt. Mein Judentum kam mir nur selten in den Sinn. Das änderte sich erst mit dem Sechstagekrieg, der Anfang Juni 1967 die Öffentlichkeit in Deutschland aufschreckte. In diesen Tagen, in denen anfänglich nicht klar war, wie der Krieg ausgehen würde, verfolgte ich aufmerksam die Nachrichten.

Würde es gelingen, den Gegner zurückzuwerfen? Oder würden die israelischen Stellungen von den arabischen Armeen überrannt und der jüdische Staat von der Landkarte ausgelöscht werden?

In jenen Tagen, so ist mir noch gut in Erinnerung, besuchte ich, voll böser Ahnungen und Befürchtungen, eine Veranstaltung in der Berliner Hochschule der Künste am Steinplatz, bei der der Schriftsteller Günter Grass für die Unterstützung Israels warb. Ich weiß noch, daß ich zutiefst aufgewühlt war. Die Welle der Solidarität für das von den arabischen Staaten angegriffene Israel, die durch den Saal schwappte, beeindruckte mich tief. Ich war in diesem Augenblick stolz darauf, Jude zu sein und einem Volk anzugehören, das sich nicht wie Vieh zur Schlachtbank treiben ließ, sondern sich mit Waffen gegen die drohende Vernichtung zur Wehr setzte.

Der Sechstagekrieg war gewissermaßen der Auslöser für mein Interesse an Fragen der deutsch-jüdischen Geschichte. Was hatte, so fragte ich mich, mein Judesein mit der deutsch-jüdischen Geschichte und dem Staat Israel zu tun? War die Existenz des Staates Israel die Folge der gescheiterten deutsch-jüdischen Symbiose? Zunehmend beschäftigte ich mich mit dem Studium der Positionen, die die Generation vor 1933 existentiell bewegt und entzweit hatten: Assimilation oder Zionismus. Ich las die Schriften von Leon Pinsker, Isaak Rülf und Theodor Herzl, drei Wegbereitern der nationaljüdischen Staatsidee.

Den Boden Israels habe ich vergleichweise spät erstmals betreten. 1972 unternahm ich mit einer Gruppe von Studenten der Duisburger Universität eine Reise nach Israel, um Land und Leute zu studieren. Wir arbeiteten zunächst in einem Kibbuz in der Nähe von Hadera (was mir damals nicht sehr gefiel), dann bestiegen wir die Ladefläche eines Lastwagens, der uns durch das Land schaukelte. Ich weiß noch, wie wir die betörenden Gerüche blühender Apfelsinenbäume wahrnahmen, das Zirpen der Grillen bestaunten und dem monotonen Geräusch der plätschernden Meereswellen am Strand lauschten. Einer der Gründe, warum ich seit diesem ersten Israel-Besuch allein oder zusammen mit meiner Frau immer wieder nach Israel fliege, hängt mit den damaligen Eindrücken zusammen, die mein Israel-Bild und meine Einstellung zu dem Land im starken Maße bis heute bestimmen.

Mitte der siebziger Jahre beschäftigte ich mich verstärkt mit dem Zionismus, mit Israel und mit dem Nahostkonflikt. Was, so fragte ich mich, hat der Zionismus mit dem Antisemitismus zu tun? Sind die Araber nicht Opfer eines Konfliktes geworden, mit dem sie eigentlich nichts zu tun haben? 1974 veröffentlichte ich eine kleine Theodor-Herzl-Biographie, in der ich bemüht war, dem arabisch-jüdischen Konflikt auf den Grund zu gehen. Das Büchlein wurde kein Bestseller, hatte aber zur Folge, daß ich bei einem meiner Aufenthalte in Jerusalem den Historiker und Archivar Alex Bein kennenlernte, der 1934 als erster eine wegweisende Biographie des Begründers der zionistischen Bewegung geschrieben hatte und der zudem einer der besten Kenner der Verwerfungen und Probleme der deutsch-jüdischen Beziehungsgeschichte war.

Alex Bein, erster Staatsarchivar des Staates Israel und einst in Berlin bei Friedrich Meinecke promoviert, war ein Mann, der auf seine Herkunft stolz war. Bei jeder sich bietenden Gelegenheit betonte er, er sei ein fränkischer Landjude und sei aus Überzeugung Zionist geworden. Ich habe manche Nacht in seiner Wohnung in der Jerusalemer Rehov Benjamin Mitudela gesessen und mit ihm und seiner Frau Judith die Probleme der Welt gelöst. Wenn ich abends kam, saß er meist schon in einem Lehnstuhl auf der Veranda, die Beine hochgelegt und hatte Fragen auf den Lippen, bevor ich mich überhaupt gesetzt hatte. Alex Bein hatte ein großes Wissen, war intellektuell äußerst beweglich und tolerant in den Dingen des alltäglichen Lebens. Ich habe die Gespräche mit ihm sehr genossen.

Bereits bei unserem ersten Zusammentreffen vereinbarten wir die gemeinsame Herausgabe einer auf sieben Bände angelegten Edition der Briefe und Tagebücher von Theodor Herzl. In vergleichsweise kurzer Zeit gelang es uns, ein Konzept zu entwerfen und die Deutsche Forschungsgemeinschaft (DFG) zur Finanzierung des Vorhabens zu bewegen. Verlangt wurde allerdings von uns, den Judaisten Hermann Greive, der später von einer geistesgestörten Studentin erschossen wurde, als Mitverantwortlichen in das Projekt aufzunehmen. Nach langen Beratungen stimmten Alex Bein und ich zu, weil wir meinten, das Projekt dürfe nicht scheitern und seine Wichtigkeit erfordere es, Kompromisse zu schließen.

Das Editionsvorhaben ist rechtzeitig zum 50. Jahrestag der Gründung des Staates Israel zum Abschluß gebracht worden. Dies sei insofern besonders hervorgehoben, als der Fortgang zeitweilig in Frage gestellt war. Mitte der achtziger Jahre wurde das Projekt auf eine sehr unschöne Weise in den sogenannten »Historiker-Streit« hineingezogen: Die DFG hatte darauf bestanden, ausgerechnet den Historiker Ernst Nolte mit der Leitung des Projekts zu betrauen, was von israelischer Seite strikt abgelehnt wurde. Zeitweilig sah es so aus, als ob wegen dieser Angelegenheit sogar ein geplanter Deutschlandbesuch von Staatspräsident Chaim Herzog abgesagt würde. Geschicktem Taktieren hinter den Kulissen war es zu verdanken, daß es zu keinem handfesten Skandal kam. Es gab nur einige Artikel von Journalisten, die den Sachverhalt nicht begriffen und einen Angriff auf die Wissenschaftsfreiheit zu erkennen glaubten.



Neben der Herzl-Edition gab es noch ein anderes Projekt, das mit Israel zu tun hatte und das mich jahrelang beschäftigt hat. In den Jahren meiner Tätigkeit als Hochschullehrer an der Duisburger Universität war ich mit den inzwischen verstorbenen Kollegen Horst Schallenberger und Heinz Kremers bemüht, das deutsch-israelische Verhältnis im Rahmen unserer Möglichkeiten zu verbessern. Das Bild des jeweils anderen interessierte uns. Wir wollten es überprüfen und gegebenenfalls korrigieren. Dafür boten sich insbesondere die Schulgeschichtsbücher an, die wir einer gründlichen Revision unterzogen. Wir organisierten bilaterale Konferenzen, die abwechselnd in der Bundesrepublik und in Israel stattfanden. Ende der achtziger Jahre wurden die »Deutsch-israelischen Schulempfehlungen« verabschiedet. Wir nahmen sie als einen Beleg dafür, daß unsere Arbeit Früchte getragen hatte.

Denke ich an Israel, denke ich zumeist an Menschen, die ich dort getroffen habe und die mir etwas bedeuten. Neben der Verwandtschaft, die seit 1934 in Tel Aviv in der Dizengoff lebt und die ich dort ab und zu besuche, ist einer der Menschen, mit denen mich eine jahrzehntelange Freundschaft verbindet, der Historiker Walter Grab. Wir sind häufig zusammengetroffen und sehen uns, wann immer wir können. In der Vergangenheit haben wir gemeinsam Tagungen organisiert, Bücher herausgegeben und politische Debatten verfolgt. Weltanschaulich gehören wir zwar verschiedenen Lagern an, aber unserer Freundschaft hat das keinen Abbruch getan.

Eine andere Begegnung war die mit Ilse Walter. Sie traf ich Ende der siebziger Jahre in einem kleinen Büro in Jerusalem, wo sie die letzten Restbestände des einst von Martin Buber, Berthold Feiwel und Ephraim Moses Lilien gegründeten Jüdischen Verlags verwaltete. Ich habe sie als eine kleine, zierlich wirkende Frau in Erinnerung, die wußte, was sie wollte. In gewisser Weise war Ilse Walter eine Art Faktotum. Seit 1928 war sie im Verlag tätig und hatte als langjährige Mitarbeiterin von Siegmund Katznelson den Umzug des Verlages aus NS-Deutschland nach Palästina mitgemacht. Nach Katznelsons Tod führte sie die Geschäfte allein weiter. Ilse Walter, die sich aus Altersgründen zurückziehen wollte, bat mich, nachdem wir uns etwas besser kennengelernt hatten, mich um den Verlag zu kümmern.

Mit ihrer Ermächtigung bemühte ich mich, eine Verlagsübernahme in Deutschland zu organisieren. Ilse Walter legte Wert darauf, daß ich künftig für das Programm verantwortlich zeichnen sollte. Leider fielen wir einem gewissenlosen Bankrotteur in die Hände, der am Versilbern der Bestände des Verlages interessiert war, nicht aber daran, die vertraglich vereinbarten Übernahmebedingungen einzuhalten. Noch immer habe ich ein schlechtes Gewissen, wenn ich an die Umstände denke, die schließlich dazu führten, daß der Verlag durch einen deutschen Großverleger in einer nicht ganz koscheren Transaktion übernommen wurde. Der Verlag wurde »christianisiert« und hat sein Gesicht seitdem bis zur Unkenntlichkeit verändert. Mit den ursprünglichen Ideen hat er jedenfalls nicht mehr viel zu tun. Ilse Walter hat sich die Fortführung »ihres« Verlages ganz sicherlich anders vorgestellt.

Auch der Fotograf und Historiker Nachum T. Gidal, der kürzlich in Jerusalem verstarb, war jemand, den ich gerne aufsuchte. Mit ihm und seiner Frau Pia haben wir manchen vergnüglichen Abend verbracht. Hinter seiner bärbeißig-bayerischen Art, die manchmal landsknechthafte Züge hatte, verbarg sich eine sensible Seele. Von ihm, der mit dem Blick des Fotografen Geschichten hinter der Geschichte erzählte, habe ich gelernt, daß man Geschichte auch »anders« sehen und beurteilen kann. Mir kommt ein Schnappschuß in den Sinn, den er 1928 oder 1929 in München, im Englischen Garten, »schoß« – er zeigt den in einer Gesellschaft biertrinkender Kumpane sitzenden Adolf Hitler, der offensichtlich spürt, daß eine Kamera auf ihn gerichtet ist. Sein Kopf ist auf der Fotografie etwas zur Seite gewandt, und seine Körperhaltung erinnert an ein Tier, das Witterung aufgenommen hat.

Eines steht heute für mich fest: Das Israel, das mich in den vergangenen Jahrzehnten fasziniert und immer wieder zu Besuchen angeregt hat, hing auch mit dem Israel der »Jeckes« zusammen. Ich traf dort Menschen wie Alex Bein, Walter Grab, Nahum T. Gidal und Ilse Walter, die zumeist in den dreißiger Jahren als Flüchtlinge ins Land gekommen und dort geblieben waren. Sie sind für mich Vertreter jenes deutschsprachigen Judentums, das in Deutschland oder Österreich nicht mehr existiert und auch in Israel zunehmend ausstirbt. Oft frage ich mich, wann die letzten Reste der Erinnerung an diese deutschsprachige Kultur in Israel verschwunden sein werden und ob mein Interesse an Israel danach noch gleichbleibend sein wird? Ich fürchte nein.

## *Stefan Heym*

### *Jerusholayim die heilige Stadt und wie ich hab meine Handtasche dort verloren*

Da sind wir gewesen in Jerusholayim, ich und mein Weib, um aus den persönlichen Händen von dem Herrn Oberbürgermeister Teddy Kollek welcher in Versammlungen und am Vorstandstisch immer einschläft den Preis der heiligen Stadt entgegenzunehmen für meine literarischen und was weiß ich noch für Verdienste, und ich hab mir gedacht vielleicht werd ich sogar mein Weib noch mal richtig heiraten in Israel von einem echten Rabbi und unter der Chuppe und mit einem zerschlagenen Glasbecher auf welchen der Bräutigam tritt und was noch und nicht nur so mit einer Gedudelmusik vor einer Dame auf einem goyischen Standesamt, und untergebracht sind wir gewesen in einer schönen alten Herberge welche ein Mister Montefiore im vorigen Jahrhundert gebaut hat, ein sehr ein reicher jüdischer Herr aus London, mit großen dicken Mauern und einer langen schönen Terrasse mit sehr dramatischem Ausblick auf die alten Türme und Kuppeln von der historischen Stadt in welcher die Araber wohnen, und wo man des Abends sitzt und der Sonne zusieht, wie sie untergeht und die Hände hält mit seinem Weibe und ganz gerührt und zufrieden ist innerlich, und unten im Tal liegt alles, was man kennt aus der Bibel und dem König David Bericht. Und

die Fenster, welche von unserer Suite aus gehen – man hat uns nämlich eine Suite gegeben in der Herberge – sind dick vergittert gegen die Diebe; aber zwischen den Stäben von den Gittern sind große Lücken, damit man Luft haben kann in den Nächten und gar nicht erst erstickt.
Nun wer kennt nicht in der gesamten zivilisierten Welt meinen Meschukkahs mit meiner Handtasche, denn alles was mir lieb und wert ist, meine Kreditkarten und mein Passport und meine Flugbilletts und mein Kamm und Nagelfeile und meine Autopapiere und mein Kapitänspatent, mit welchem ich ein ganzes Dampfschiff zu steuern berechtigt bin auf den brandenburgischen Seen und auf dem Jordanfluß und auf dem Toten Meer bei dem das viele medizinische Salz im Wasser schwimmt, all das hab ich in meiner Handtasche und trag es den ganzen Tag mit mir herum und nächtens hab ich es nahe bei mir auf meinem Nachttisch oder auch meinem Schreibtisch wenn der Schreibtisch nahe von meinem Bett steht und immer kuck ich auf meine Handtasche, im Bus und im Aeroplan und im Speisesaal vom Hotel und in Veranstaltungen von Kultur und kucke nach, ob sie noch da ist, die Tasche, und nur wenn ich selber seh daß sie da ist, bin ich froh und beruhigt. So ein Meschukkahs ist das, aber ich hab meine Gründe dafür wie ihr werdet erkennen.
Also auf unserer ganzen Reise für den literarischen Preis von der Heiligen Stadt Jerusholayim, in den koscheren Restaurants und am See Genezareth und an der Grenze von Golan und bei den Kibbuzniks in Galiläa und wo noch, hab ich immer meine Handtasche stehen gehabt zwischen meinen Füßen so daß mir sie keiner hat wegnehmen können, und hab auch immer mein Weib gleich gefragt, wo ist deine Handtasche und hast du sie auch nicht vergessen, weil mein Weib nämlich vergißt ihre Tasche die halbe Zeit und dann muß man sich meschugge suchen bis man sie findet, und es ist der letzte Tag von unsrer Reise gekommen und bald wird sein das Wochenende und der heilige Schabbes, und wir sind zurück in der schönen alten Herberge in Jerusholayim welche der Minister Montefiore gebaut hat mit dicken Mauern und mit schweren Gittern aber mit großen Lücken zwischen den Gitterstäben, und wir sind fertig gepackt und es ist alles da und

bereit für die Reise wie ich es gern hab, so daß ich mich nicht sorgen muß und meschugge machen, alles, mein Weib und mein Gepäck und der Preis von der heiligen Stadt Jerusholayim und ihre Handtasche und meine Handtasche welche ich auf den Schreibtisch gestellt hab mit dem Griff nach oben, aber Gott sei Dank hab ich, ich weiß nicht warum, meine Kreditkarten und meine Flugbilletts und meinen Passport herausgenommen aus meiner Handtasche bevor ich zu Bett gegangen bin und hab sie hereingesteckt in mein Jackett und mein Jackett in den Schrank gehängt auf einen Bügel, der liebe Gott muß mir's gesagt haben, speziell für mich: mein Sohn, wird er gesagt haben, tu was ich dir sag und nimm deine Flugbiletts und Kreditkarten und deinen Passport heraus aus deiner Handtasche ich weiß von was ich red ich bin der liebe Gott.

Und ich lieg in meinem Bett, und ich weiß nicht, kennt ihr die meschuggenen Betten in Israel welche sind wie die Betten in Paris wo sie die Bettdecken hereinquetschen unter die Matratzen damit du deine Beine und alles andere unter der Bettdecke nicht rühren kannst und nicht tun kannst was dir Spaß macht. Und ich lieg da und freu mich daß alles ist bestens geordnet und ich kann ein leichtes Herz haben und werde nach Schabbes-Nachmittag reisen können mit meinem Weib und meinem Gepäck und meinem allen und mit meiner Handtasche, und was seh ich da mit meinem einen nebbich Auge?

Ich seh wie mein Spazierstock kommt von draußenher durch das Gitter am Fenster und ich frag mich wie kommt mein Spazierstock von draußenher durch das Gitter nachdem ich ihn selber und persönlich gestellt hab hier drinnen in eine Ecke von unserer Suite, und dann seh ich, es ist gar nicht mein Spazierstock es ist ein fremder Spazierstock und gar kein Spazierstock sondern ein langer schlanker Ast von einem Baum, verdorren und verfaulen soll er, mit so einem krummen Haken am Ende, und der Haken hakt sich in den Griff von meiner Handtasche, und ich seh wie sich auf einmal hebt meine Handtasche und schwebt richtig wie eine Kabine von einem Skilift quer durch unsre Suite und zu einer von den Lücken zwischen den Stäben von den Gittern zwischen den dicken Mauern von dem Fenster und ich will rausspringen aus meinem Bett und meine Handtasche grapschen, bevor sie weg ist aber die verfluchten Araber welche die Betten machen in den jüdischen Herbergen, haben die Bettdecken hereingequetscht unter die Matratze so daß ich nicht rauskomm aus meinem Bett ich kann mich herumwerfen wie ein Meschuggener es geht nicht, und weg ist meine Handtasche und ich fang an zu brüllen wie am Spieß ich weiß schon nicht mehr was, aber laut, und mein Weib kommt angerannt und fragt was schreist du da!

Und ich antworte, meine Tasche! Meine Handtasche ist heraus aus dem Fenster zwischen den Gittern an dem Stock und ich lieg hier und ich kann mich nicht rühren weil sie die Bettdecke hereingequetscht haben unter die Matratze und warum rennst du nicht raus auf die Terrasse und greifst den Dieb den Gannef, den verfluchten, welcher meine Handtasche gestohlen hat? Und ich seh wie mein Weib anfängt zu lachen, sie lacht in den unpassendsten Momenten sie hat kein Gewissen und kein Mitgefühl, und sie sagt sie hat sich vorgestellt wie meine Handtasche welche ich immer so sehr behüte quer durch die Suite geschwebt ist und heraus aus dem Fenster zwischen den Gittern und da muß sie lachen.

Und ich sag die Handtasche hat Sachen drin welche wir brauchen, meine Autopapiere und mein Kapitänspatent, und da hört sie auf zu lachen und fragt, was noch um Gottes willen war in der Tasche? Und ich sag, red du nicht von Gott wo du so gräßlich lachst über das Elend von deinem eigenen Mann, welcher dich vielleicht sogar noch einmal hat heiraten wollen in Jerusholayim, der Heiligen Stadt von einem echten Rabbi und unter der Chuppe und mit einem zerschlagenen Glasbecher auf den der Bräutigam tritt und was noch, aber der liebe Gott hat sich meiner erbarmt und hat mir speziell gesagt ich soll meine Kreditkarten und meine Flugbilletts und meinen Passport in meine Anzugjacke stecken, und diese hat er also nicht gekriegt der Dieb der Gannef, der verfluchte.

Und ist mein Weib gegangen und hat die Direktrice von der Herberge geholt und sie haben mir einen großen Scotch gebracht weil ich so geschwächt gewesen bin und bleich von der ganzen Erregung und dem Stock welcher durch die Gitter gekommen ist und meine Handtasche hat wegschweben lassen, und haben gesagt, gleich kommt die Polizei, die jüdische. Es sind dann auch gekommen zwei Bocher welche schlank und rank gewesen sind und in fein gebügelten Uniformen, und ich hab ihnen alles noch einmal erzählen müssen von meinem Spazierstock welcher gar nicht mein Spazierstock gewesen ist und die ganze Schauermegille von vorn bis hinten und sie haben alles aufgeschrieben in ihrem neuen Hebräisch welches heißt Ivrit, und mein Weib hat wieder gelacht wie eine Meschuggene und die Polizeier haben auch gelacht, aber mehr innerlich, und dann sind sie auf die Terrasse hinaus und haben nach Spuren gesucht wie die Scouts von den wilden Indianern aber keine gefunden weil sie noch nicht gehabt haben die richtigen Erfahrungen, ich hätt schon gewußt wo man muß kucken, aber ich hab mich nicht einmischen gekonnt als ein Gast in Israel in die Spurensicherung von der Polizei, der jüdischen, ich hab nur gesagt, es werden gewesen sein die Araber, die Araber sind alle Diebe und Ganoven, aber da haben die zwei widersprochen und haben gesagt, woher weiß ich, daß es gewesen sind Araber, sie haben einen richtigen Staat hier in Israel, einen jüdischen, und ein richtiger Staat hat seine eigenen Ganoven und so könnten es auch jüdische Ganoven gewesen sein welche den Stock zwischen den Gittern hindurchgesteckt haben in meine Suite und meine Handtasche haben herausschweben lassen mit allem was drin ist verflucht sollen sie sein, aber vielleicht werden sie sie finden.

Gar nichts werdet ihr, hab ich mir gedacht, zwei Bocher wie ihr so elegant und oberklug, ihr solltet lieber hören auf mich, aber ich kann ja nichts sagen, wem seine Handtasche ist denn weg mit meinem Kapitänspatent und mit den Autopapieren, ihre oder die von meinem Weib, oder meine? Und ich hab noch gehabt ein großes Glück weil ich gehört hab auf den lieben Gott und meine Kreditkarten und meine Flugbilletts und meinen Passport gesteckt hab in meine Anzugjacke, denn ohne Papiere kommt keiner raus aus Israel, besonders nicht am heiligen Schabbes und am Wochenende, und bevor ich neue Papiere hätte gekriegt, wir wollen lieber nicht daran denken was das gekostet hätte an Zeit und an Scherereien, und mein Kapitänspatent hab ich noch nicht wieder bis heut.

## *Valentin Senger*
### *Meine Liebe ertrinkt in einem Strom von Tränen*

Eine groteske Situation! Ich stehe an meinem Schreibpult und grübele, kaue an meinem Bleistift und weiß nicht, was ich zu »meinem« Israel schreiben soll, obwohl mir der Kopf voll ist mit Gedanken, die unaufhörlich um dieses Land kreisen. Eigentlich hätte ich allen Grund zum Jubeln über die reale Existenz eines Staates der Juden, der nunmehr seit fünfzig Jahren besteht – nach einer über zweitausend Jahren währenden Diaspora. Der Jubel aber bleibt mir im Hals stecken. Und wenn ich schon schreibe, wenn ich schon rede, dann von der Angst meines Herzens. 

Wie war das eigentlich damals, 1946, 1947, als die jüdischen Einwanderer in Palästina um einen unabhängigen Staat der Juden kämpften? Damals? Ich war Kommunist, überzeugt davon, daß es in jedem Land, in dem Kommunisten die Herrschaft übernehmen, bald keine Religions- und Rassenfrage mehr geben werde, denn dort würden alle Religionen, alle Rassen, alle Völker gleichberechtigt sein. Und dann würde es auch keine »jüdische Frage« mehr geben.
Vor diesem Hintergrund kümmerte mich der Kampf der Juden in Palästina wenig. Als Kommunist hatte ich, gemeinsam mit

meinen politischen Freunden, im verzweifelten Bemühen um unser eigenes Bestehen in einer extrem feindlichen westlichen Umwelt, in der es auch um die eigene persönliche Existenz ging, dafür weder Zeit noch Interesse. Ich verfolgte den Kampf der Juden, aber ohne große Anteilnahme. Ich war kein Zionist. Wohl freute ich mich über die Gründung eines jüdischen Staates nach über zweitausend Jahren der Zerstreuung und wußte um die riesigen Schwierigkeiten, mit denen der junge Staat zu kämpfen hatte. Bald darauf nahm ich die politische Verbrüderung Israels mit den Vereinigten Staaten zur Kenntnis und war enttäuscht, daß der neue Staat ein Satellit des US-Imperialismus geworden war. Damit waren selbstverständlich auch meine Sympathien für Israel am Ende.

Wohlgemerkt: keine Sekunde lang waren damit auch die Israelis meine Feinde geworden, eine Haltung, zu der ich mich stets bekannte. Doch zum Staat der Juden als Aftergröße der imperialistischen Weltmacht war ich auf große Distanz gegangen.

Das ging so etwa bis zum Sechstagekrieg 1967. Längst war meine Trennung von den Kommunisten vollzogen, hatte ich mich meinem Judentum zugewandt. Die Gründe hierfür habe ich in meinem Buch »Kurzer Frühling« benannt. Trotzdem blieb eine große Kluft zum Staat Israel bestehen.

Das Umdenken, was mein Verhältnis zum Judenstaat betraf, erfolgte allmählich. Es vollzog sich in dem Maß, wie ich die bedrohliche Entwicklung in den meisten arabischen Anrainerstaaten erkennen mußte.

Ich liebe das Land zwischen Mittel-, Totem und Rotem Meer – und möchte seine derzeitigen Lenker, fünfzig Jahre nach der Gründung, verfluchen. Ich liebe das Land, bin glücklich über die Tatsache, daß es existiert – und meine Liebe ertrinkt fast in einem Strom von Tränen.

Schon einmal war ich in einer ähnlich elenden Lage: beim Ausbruch des Golfkriegs vor etwa sieben Jahren. Auch damals forderte mein Verlag mich auf, meine Gedanken und Empfindungen niederzuschreiben. Und ich schrieb:

»Nur klagen kann ich. Klagen über die Not und das Elend, die mit dem Krieg über die Menschen gekommen sind. Klagen darüber, daß ich keine Antwort auf die Frage habe, ob ein toter Iraki weniger wert ist als ein toter Israeli. Und klagen über meine Ratlosigkeit.
Auf welcher Seite ich stehe?
Auf beiden Seiten – und doch auf keiner.
Ich zögere. Nein, das stimmt nicht. Nicht ganz.
Wer kann es mir übelnehmen, daß mir das Volk Israel näher steht als jedes andere? Daß ich es mehr liebe als jedes andere? Um sein Leben, sein Wohlergehen mehr zittere, zu Gott bete, an den ich nicht glaube, er möge es bewahren vor dem grauenvollen Gastod, den ihm ein Aggressor androht, dessen Machtgier bereits Hunderttausende zum Opfer gefallen sind. Auch ich bin ein Jude ...«

So schrieb ich 1991. Wie damals sind auch heute meine Empfindungen über das, was sich in diesem Land abspielt, so widersprüchlich, wie sie widersprüchlicher nicht sein können. Nach langen, zähen Bemühungen beider Seiten kam endlich das Gespräch zwischen dem Israeli Rabin und dem Palästinenser Arafat in Gang. Beide bekamen dafür den Friedens-Nobelpreis. Die Betrübnis meines Herzens wich einer leisen Hoffnung. Diejenigen, welche sich seit Jahrzehnten darum stritten, wem das Land denn nun gehöre, versuchten, sich zu verständigen, arrangierten sich, die Juden sprachen wieder mit den Palästinensern in der nüchternen Erkenntnis, daß es einfach keine andere Lösung des Palästinakonflikts gibt.
Und nun, so scheint es, sind die jahrelangen Bemühungen um ein Arrangement, das bereits zum Greifen nahe war, durch einen Erzkonservativen zunichte gemacht, zumindest fürs erste und für eine nicht absehbare Zeit. Und wieder ist unendliches Leid über die Menschen in der Region hereingebrochen, über Juden und Palästinenser. Wie kann ich da jubeln?
Die heutigen Schwierigkeiten erschüttern das Land nicht weniger als die während des Golfkriegs. Diesmal aber sind die Probleme, die den Staat und seine Bevölkerung ins Wanken bringen

und die das Land und seine Menschen bedrohen, nicht von außen hineingetragen worden. Sie entstehen und wachsen im Land selbst, mit seinen Bewohnern. Wohlgemerkt: nur einem Teil seiner Bewohner. Doch Gott sei's geklagt, die jahrelangen Bemühungen um ein friedliches Miteinander sind – ich weiß, daß ich mich wiederhole – zunichte gemacht. So scheint es im Augenblick. Und ich wünschte doch so sehr, daß endlich, nach fünfzig Jahren unendlicher Mühsal, die Menschen dort in Frieden leben und ihr Land weiter aufbauen könnten.

Es ist nicht »mein« Israel, aber ein Staat der Juden. Er trägt noch immer, trotz aller Rückschläge, meine Hoffnung.

Es darf nicht noch einmal eine Vertreibung geben. Aber was? Sollen die Palästinenser vertrieben oder zu Untertanen der Juden werden? Ich ersticke schier in meiner Ohnmacht und meinen Widersprüchen.

Und doch! Es ist auch mein Staat. Seit fünfzig Jahren existiert der Staat der Juden – nach über zweitausend Jahren Diaspora. Das macht mich heute, nach einer langen schmerzhaften Zeit der Zweifel, des Verzweifelns und der Neuorientierung unendlich froh.

Fünfzig Jahre! Maseltow all denen, die dazu beigetragen haben, daß dieser Staat besteht! Maseltow dem Staat der Juden!

*(Valentin Senger schrieb diesen Text wenige Tage vor seinem Tod im August 1997)*

## *Peter Stephan Jungk*
### *Nach Jerusalem!*

Am Vortag unseres Abflugs, Anfang September 1997, zündeten drei Attentäter die Sprengstoffladungen, mit denen sie zuvor ihre Leiber umgürtet hatten. Sie töteten in der Jerusalemer Fußgängerzone Ben Yehuda nicht nur sich selbst und zwei Passanten, sie verletzten darüber hinaus hundertundsiebzig Männer, Frauen und Kinder – zum Teil schwer. Nur Wochen waren seit einem ähnlichen, weit tödlicheren Anschlag auf dem Jerusalemer Gemüse- und Obstmarkt Mahane Jehuda vergangen. 

Wir sagten die geplante Reise ab. Ich teilte unsere Entscheidung dem Vater des Bräutigams mit, zu dessen Hochzeitsfeierlichkeiten wir erwartet wurden. »Du meinst das nicht im Ernst!« schimpfte der Gastgeber. »Mein Sohn würde euch das nie verzeihen. Zweitens ist die Gefahr, in Paris einem Attentat zum Opfer zu fallen, nicht so viel geringer als in Israel. Drittens erwiese man unseren Todfeinden damit den schönsten Gefallen: ihrer Strategie der Einschüchterung zu erliegen. Ihr kommt morgen selbstverständlich ...«

Am nächsten Tag spielte ich russisches Roulette: »Sollen wir heute nach Jerusalem fliegen oder nicht?« fragte ich unsere dreijährige Tochter, während sie frühstückte. Adah, wie aus der

Pistole geschossen: »Nach Jerusalem!« Uns wurde äußerst mulmig zumute, meiner Frau und mir.
Acht Jahre waren seit meinem letzten Besuch im Lande vergangen. Ich drehte damals einen Dokumentarfilm über den pragerdeutschen Schriftsteller Leo Perutz, der während zwei Jahrzehnten Tel Aviv zu seiner Exil-Heimat erkoren hatte. Wiederum acht Jahre zuvor, 1981, war mein Roman »Rundgang« erschienen, der in Jerusalem angesiedelt ist und die Suche eines jungen, assimilierten Juden nach seiner Herkunft thematisierte, die Frucht eines längeren Jerusalem-Aufenthaltes, in dessen Verlauf ich eine Zeit an einer Bibelschule studiert hatte.

Freitagabend, zum Schabbat-Beginn, trafen wir im Hotel *King David* ein. Bis zur Abreise, drei Tage später, verließen wir das Grundstück des Hotels äußerst selten. Am Sonntag erwachte ich ungewohnt früh, schlich aus dem Zimmer, die Kippa, die kleine runde Kopfbedeckung, tief in der Hosentasche versteckt, die Gebetsriemen, Tefillin, in einem unauffälligen Plastiksack verstaut. Verließ den Kokon der *King-David*-Sicherheit Augenblicke nach Sonnenaufgang, stieg steile, schmale Straßen hinab in jenes Tal, welches die Neustadt von der Altstadt trennt. Fremde Heimat, heimatliche Fremde umschloß mich wieder, wie damals, vor siebzehn Jahren, da ich Jerusalem als mein Jerusalem zu empfinden begann.
Wo noch vor einiger Zeit struppiges Niemandsland brachlag, entstand jüngst eine Parkanlage; Fußgängerpfade und -brücken führen zum Jaffa Gate, dem Haupttor der Altstadt. Ich betrat den von der Stadtmauer umzingelten Bereich, als besuchte ich meinen eigenen Traum, bewegte mich im Kern verschütteter Erinnerungen. Die Gassen menschenleer, um halb sieben Uhr morgens.
Auf breiten, spiegelglatten Steinstufen vorbei an den geschlossenen Rolläden der tausend Andenkenläden und Marktbuden. Der immerwährende Duft nach Gewürzen, Obst, Gemüse lag in der Luft. Die metallenen Rouleaus mit Graffitis übersät, häufigstes Signal die Gleichung Hakenkreuz = Davidstern. Menetekel, Schrift an der Wand, unerträgliches Warnsignal.

Müßte ich nicht, so haderte ich mit mir, auch an diesem Morgen wieder, unterwegs zur Klagemauer, Stellung beziehen zu den laufenden Ereignissen in und um den Staat Israel? Müßte nicht meine Vermutung öffentlich kundgetan sein, die derzeitige israelische Regierung trage keineswegs Alleinschuld an dem Wiederaufflackern, dem Weiterbrennen der ewigen Konfliktflamme, unmittelbar vor dem fünfzigsten Jahrestag der Staatsgründung? Ist denn die Gegenseite nicht in ebensolchem Maße schuldig, trägt sie nicht Verantwortung für den hohen Blutzoll und das Weiterdrehen des Konfliktrades? Sollte nicht ein Buch, eine Stellungnahme entstehen, die der Weltmeinung Punkt für Punkt beweiskräftig widerspräche? Es müßte keineswegs ein journalistisch-tagespolitisches Werk sein, könnte gleichsam erzählerisch, gar in Romanform gehalten sein. Ein Buch jedenfalls, welches von meiner Denkhaltung spräche, eine Fortsetzung der Politik Yitzhak Rabins und Schimon Peres' (denen meine persönliche und politische Sympathie naturgemäß weit eher galt als ihrem glattfrechen Nachfolger, der in der Tat keine Gelegenheit verstreichen läßt, die palästinensische Seite zu kränken und zu provozieren) hätte mit Sicherheit zu keinem wahren, tragenden Frieden, vielmehr zu einer langsamen *Selbstzerstörung* des Staates der Juden beigetragen? In jeder Generation erhebe sich ein Todfeind wider das jüdische Volk, so lehren unsere Weisen, ein mächtiger Vernichter, und wem die Geschichte der jüdischen Nation vertraut ist, wird diese Weissagung nur allzu deutlich bestätigt finden. Bestätigt bis zum heutigen Tag, da das moderne Babylon im Einklang mit Syrien und Persien zu vollenden versucht, was Deutschland und der Nationalsozialismus nicht zuwege gebracht haben.

Ein einziger Laden geöffnet zum Zeitpunkt meiner Altstadt-Durchquerung, acht Quadratmeter groß, darin ein uralter Gasherd, an dem ein gebeugter Mann türkischen Kaffee braute. Ich saß, sein einziger Kunde, auf einem schiefen Schemel vor der offenen Tür. Der Palästinenser bewirtete mich freundlich. Der Kaffee schmeckte perfekt. Mein Aussehen, nicht festlegbar, beließ ihn im Ungewissen.

Mildes Morgenlicht, linde Luft. Am Horizont die Ockerfarben der Wüste Judäa. Im Vordergrund das breite Steinquaderband der Klagemauer, an deren Saum Männer, Frauen, Kinder beteten, schon zur frühen Stunde. Erst auf dem weiten Vorplatz setzte ich mir die Kippa auf. Verschwand in einem höhlenartigen Tunnelsaal, Seitenteil der Klagemauer, feucht und kalt, die Gebetsriemen unbeobachtet anzulegen (ein seit Jahren nicht mehr geübter Akt), sorgte mich, unter den Augen der Frommen einen halachischen Fehler zu begehen. Wieder unter freiem Himmel, schloß ich mich einer der Gruppierungen an, die da gerade das Morgengebet zu sprechen, zu singen, zu lamentieren begann.

Die ersten Worte kaum intoniert, »gelobt sei, auf dessen Wort die Welt entstand, gelobt sei Er, der Urheber des Schöpfungswerkes ...«, da begannen sie bereits, mich zu umtanzen: die Schnorrer. Ein Durchreisender war ihnen aufgefallen, einer, den sie nicht kannten, der nicht jeden Morgen hier auftauchte. Die Geldeintreiber und Almosenjäger, wahrlich früher aufgestanden als ich, um für Bibelschulen, religiöse Gymnasien und Spitäler, um nicht zuletzt in eigener Sache zu sammeln, sie umschwirrten, umzingelten, umgarnten mich. An konzentriertes Gebet war nicht mehr zu denken. Ich empfand unbändige Lust, sie zum Tempel hinauszutreiben, aus dem Bezirk der westlichen Überreste der einstigen Tempel*mauer* jedenfalls. Und wagte kein Wort an sie zu richten. Denn auf ihre vermutliche Reaktion: »Was zeigst du uns für ein Zeichen, daß du solches tun darfst?«, hätte meine Replik wohl um einiges bescheidener ausfallen müssen als die eines jungen, meschuggenen Rabbis aus Nazareth, vor zweitausend Jahren.



Frühstück mit dem Schweizer Filmproduzenten Arthur Cohn, unserem Gastgeber in Jerusalem, und mit H., einem drahtigen Amerikaner Mitte fünfzig, politischer Berater der saudischen Königsfamilie. Auch er angereist, um an den Hochzeitsfeierlichkeiten für Cohns Sohn Marcus teilzunehmen. H. warnte Cohn vor dem Genuß der großen Portion Rühreier, er selbst habe aus Gründen des überhöhten Cholesteringehalts seines Blutes bereits

fünf Bypass-Operationen über sich ergehen lassen müssen. Cohn schmunzelte, aß die Eierspeise gänzlich auf und befragte H. ob seiner Einschätzung der Lage, angesichts des drohenden Zusammenbruchs der Friedensverhandlungen zwischen Israel und seinen arabischen Gesprächspartnern. Er halte es für einen großen Fehler der israelischen und amerikanischen Regierungen, so H., einen schwachen Mann zum Palästinenserpräsidenten erkoren zu haben: »Arafat ist ganz und gar flügellahm. Er kann das palästinensische Volk nicht in den Griff bekommen. Nur dadurch ist *Hamas* ja so mächtig geworden. Hätten Amerikaner und Israelis den Mut gehabt, dem palästinensischen Volk eine wahrlich starke Führung zuzugestehen, befände sich der Friedensprozeß bereits in weit fortgeschrittenerem Stadium.« Besonders verwundere es ihn, fuhr H. fort, daß die Palästinenser es nie geschafft hätten, sich in den Vereinigten Staaten zu einer *pressure group* zusammenzuschließen: »Mit einer Stimme zu sprechen, in den USA, ähnlich wie es die amerikanischen Juden vermögen, eine Art Lobby zu bilden, im positivsten Sinn des Begriffs, das hätte der Sache der Palästinenser weit mehr gedient als jede andere Vorgehensweise. Der große Vorsprung der Juden: daß sie in den USA perfekt organisiert sind und es verstehen, auf Politiker aller Schattierungen, auf Senatoren, Kongreßabgeordnete, nicht zuletzt auf den Präsidenten Einfluß auszuüben.«
Als H. ein Loblied auf Saudi-Arabien anstimmte, die Vornehmheit und edle Gesinnung der saudischen Bevölkerung zu preisen begann, wandte ich mich ab, verließ den sonntäglichen Frühstückstisch. Vermochte nicht über die Lippen zu bringen, daß wohl kaum ein anderer Staat der Welt so viele Todesurteile vollstrecke wie Saudi-Arabien – die Köpfe rollen in aller Öffentlichkeit, als Volksfest und Belustigungsspektakel.

Im weitläufigen Garten des Hotels *King David* stand ein großes, weißes Zelt, für den feierlichen Anlaß aufgerichtet, es schimmerte matt im Halbmondlicht. Abends fand das glanzvolle Fest für das junge Brautpaar statt. Bevor man zum Essen schritt, während der Cocktailparty auf dem Rasen vor dem Zelt, inmitten der dreihundertundfünfzig geladenen Gäste, wurde mir der Vater der Braut vorgestellt. Mr. Zlotnick, Talmudgelehrter aus New York City, sah mich seltsam traurig an, fragte, ob er mir einen Witz erzählen dürfe? Unbedingt! entgegnete ich. Er warnte mich: »Freuen Sie sich nicht zu früh.« Der Witz sei keineswegs lustig. Vielleicht doch nicht das Geeignete, an einem Festtag wie diesem. Erzählen Sie, bitte, erzählen Sie! Und Mr. Zlotnick hob an: »Dem Oberrabbiner von Israel glückt es, nach langer Wartezeit, einen Termin bei Gott zu erhalten. Er stellt ihm nur eine Frage: ›Höchster, Heiligster, wann wird endlich Frieden sein zwischen Juden und Arabern?‹ Und Gott entgegnet: ›Not in *My* lifetime!‹«[1]



1 »Nicht zu Meinen Lebzeiten!«

## *Ralph Giordano*
### *Wird Masada wieder fallen?*

Mein Israel ... 

Das letzte Mal kam ich nicht wie sonst von Osten, über Jerusalem – Jericho, sondern von Westen, über Arad – »17 km« stand am Anfang der asphaltierten Straße, die gewunden und einsam durch die Wüste Judäas hinführte zu meinem Ziel am Toten Meer – Masada!

Und dann lag er wieder vor mir, Israels Schicksalsfels, auf dem sich zwei Jahre nach der Zerstörung Jerusalems und des Tempels durch die Römer im Jahre 70 christlicher Zeitrechnung über neunhundert Männer, Frauen und Kinder den Freitod gaben, um nicht in die Hände der 10. Legion des Flavius Silva zu fallen. Noch heute, mehr als neunzehnhundert Jahre später, sind vom Plateau aus die Umrisse der *castra*, der Feldlager rund um Masada, klar auszumachen. Und man erkennt auch den Riesenbuckel der *Rampe*, deren Rammbock den Verteidigern nach langem Widerstand im buchstäblichen Sinne des Wortes den Todesstoß versetzte: Über diesen Erdwall war Masada für die Angreifer besteigbar geworden. Aus dem Opfertod der damals Unterlegenen aber hat das moderne Israel den Umkehrschluß gezogen: »Masada wird nie wieder fallen!« Und doch hatte sich jedesmal wieder vor dem gewaltigen Felsklotz und seiner schrecklichen Erhabenheit mein Herz zusammengepreßt in der bangen Gegenfrage: »Wird Masada nie wieder fallen?« Ich werde oft aufgefordert, über meine »größte politische Sorge« zu sprechen, und das meist in der selbstverständlichen Erwartung, daß ich dann, nach allem, auf das Deutschland von heute und morgen kommen werde. Aber auch angesichts mancher Ungewißheiten, die die Frage in sich birgt – die Antwort fällt anders aus. Und zwar ganz einfach deshalb, weil nicht Deutschland meine größte Sorge ist, sondern Israel.

Nein, ich fürchte hier nicht den Sieg eines zweiten 30. Januar 1933, kein Viertes Deutsches Reich im Herzen Europas – bei aller Unruhe, die unüberwundene und nach wie vor in so manchen Köpfen tradierte Negativtraditionen aus der Epoche des deutschen Nationalstaates von 1871 bis 1945, insonderheit der Nazizeit, bis in die Gegenwart des geeinten Deutschlands bringen und wohl auch noch in Zukunft bringen werden – unerträglich genug. Doch eine Alternative für die demokratische Republik, den demokratischen Verfassungsstaat, dieses kleinste aller Staatsübel in der Menschheitsgeschichte und eben deshalb so kostbar, sehe ich dennoch weit und breit nicht. Ich kann nicht glauben, daß die Deutschen von heute und morgen so verrückt sind, dies gegen eine andere Gesellschaftsform auszutauschen.

Meine Sorge, ein hartnäckiger 24-Stunden-Druck, gilt vielmehr jenem kleinen Judenstaat an der östlichen Küste des Mittelmeers, der mit der Wucht eines Naturereignisses in die Welt des Vorderen Orients eingeschlagen ist und sie bis auf den Grund durcheinandergewirbelt hat. Einzige Demokratie in einem Ambiente statischer Gewalt- und Feudalstrukturen mit schwersten Anpassungsschwierigkeiten an die Moderne, und Angelpunkt dessen, was die Welt sich angewöhnt hat, »Nahostkonflikt« zu nennen.

Es war Rita Süßmuth, Präsidentin des 11. und 12. Deutschen Bundestages, die seinen Kern im Juni 1990, während eines Besuches in Jerusalem, in die Nußschale dieses Satzes faßte: »Es wird kein Frieden sein in der Region, bis Israels Nachbarn aufhören, es zu bedrohen.«

Und es war Amos Oz, auch »Israels Gewissen« genannt, der, eine Dimension näher an das israelisch-palästinensische Drama heran, erklärte: Am schwierigsten seien die Konflikte zu lösen, bei denen jeder der Kontrahenten auf seine Weise recht habe ... Beide Aussprüche führen, sozusagen von außen nach innen, vom Rand zum Zentrum, in das Herz der regionalen und zugleich interkontinentalen Auseinandersetzung (wobei die arabische und die palästinensische Sache keineswegs kongruent sein müssen).
Die Demokratie Israel läßt periodischen Machtwechsel ganz selbstverständlich zu (so daß, aus der Sicht von 1998 eingeschoben, auch Hoffnung auf die Abwahl des nationalen Unheils Benjamin Netanyahu besteht), während die Herrschaftsstrukturen in den arabischen Ländern den Völkern dort die Chance der freien Wahl nicht lassen. Entgegen ihren Lippenbekenntnissen sind die meisten arabischen Herrscher allein deshalb an einem unabhängigen Palästinenserstaat nicht wirklich interessiert, weil die (wenngleich wahrscheinlich lange noch höchst formal, wie derzeit im Autonomiestadium) dem parlamentarischen Muster folgen würde. Eine der traurigsten Konfliktwahrheiten besteht ja gerade darin, daß die Palästinenser für arabische Regierungen kaum je einen anderen Wert hatten, als Manövriermasse ihrer eigensüchtigen politischen Ziele zu sein. Oslo und Madrid, die immer wieder schwer strapazierten Friedensgespräche, haben an dieser Situation nichts Grundsätzliches ändern können.
Letztlich wird deshalb der Nahostkonflikt, über langwierige Geduldsetappen und gegen die Anschläge von Terroristen und Fundamentalisten beider Seiten, nur zu lösen sein, wenn Israelis und Palästinenser im Zusammenwirken mit einer zweifellos zustimmenden Weltöffentlichkeit ihre gegenseitige Problematik zur Chefsache ihrer Außenpolitik machen und ihre Innenpolitik darauf abstimmen. Selbst kleine Erfolge auf diesem Wege könnten die Front des plakativen Mißtrauens arabischer Herrscher gegen jede Art von Frieden und Versöhnung aufbrechen und den bisherigen Sonderverhältnissen Israel – Ägypten und Israel – Jordanien neue hinzufügen.
Aus all meinen Erfahrungen über nunmehr fast 50 Jahre seit der Gründung Israels habe ich den Schluß gezogen, daß es im Nahen

Osten ohne die Gründung eines Palästinenserstaates keine Ruhe geben wird – sie steht auf der Welttagesordnung und wird von dort nur herunterkommen um den Preis ihrer Realisierung. Und doch bleibt, bei aller Unumstößlichkeit, weiterhin die Frage: Wird es danach Ruhe geben? *Wird Masada nie wieder fallen?*

In dieser Auseinandersetzung – nach wie vor: Auf Leben und Tod bin ich Partei: hier geht es um »mein Israel«. Aber ich will, daß dabei die Menschenrechte aller Seiten so gewahrt bleiben wie die demokratischen Strukturen – was unweigerlich voneinander abhängig ist. Gestehen wir uns deshalb ein, daß die einen israelischerseits gegenüber den Palästinensern mehr als einmal verletzt, die anderen durch den wachsenden Druck innenpolitischer Gegensätze hochgefährdet sind (hat doch der Mord an Yitzhak Rabin ein Schlaglicht auf ihr erschreckendes Ausmaß geworfen). Was für Israel auf dem Spiel steht, ist nicht mehr und nicht weniger als die Lauterkeit seiner Gründungsidee und deren Gesetz: die Unteilbarkeit der Humanitas!



Ich bin hier an einen neuralgischen Punkt meiner Beziehungen zu Israel geraten: der Auseinandersetzung zwischen Liebe und Kritik. Bei den Recherchen für mein Buch *Israel, um Himmels willen, Israel* bin ich nicht nur auf furchtbare Gewalttaten von Arabern an Arabern, von Palästinensern an Palästinensern gestoßen, sondern auch auf solche von Israelis an wehrlosen Gefangenen. Ich habe davon in erschütternden Interviews mit Betroffenen berichtet. Die innere Spannung entsteht also dadurch, eine Kritik äußern zu müssen, die der Liebe weh tut. Man ist dabei der dauernden Korrumpierungsversuchung gegen die eigene Ehrlichkeit ausgesetzt. Soll der Menschenrechtler offenbaren – und damit auch Vorurteilen, Ignoranz, Haß und Feindschaft weitere Nahrung geben –, was der Liebende gerade deshalb gern verschwiegen hätte? Ich gestehe diese Spannung ein, die von der ersten Nachricht über Gewalt und Folter in israelischen Gefängnissen oder Armeeinstitutionen an da war. Aber es ist auch die Wahrheit, wenn ich erkläre, daß ich mir von vornherein klar war, wie die Entscheidung ausfallen würde: für die Unteilbarkeit der Menschenrechte, für die Ganzheit der *humanitas*.

Ein Freibrief für falsche Bundesgenossen und Schulterklopfer ist das jedoch nicht – man steht auf grundverschiedenen Posten. Ich kritisiere als Liebender, und das schmerzt mehr als die Kritik eines Feindes. Und ich akzeptiere niemandes Kritik an Israel, der mir nicht nachgewiesen hat, was ihm und seiner Sache die Menschenrechte wert sind, und daß auch für ihn die *humanitas* unteilbar ist. Gleichzeitig verwahre ich mich dagegen, hier denunziert zu werden als Schmäher der *Zahal*, der israelischen Streitkräfte, in denen generell eine Gesittung und Gerichtsbarkeit herrschen, nach denen man in den Armeen ihrer Feinde vergebens fahnden würde. Die ungeheuerlichen Greueltaten der irakischen Soldateska während der Besatzung Kuweits haben nur noch einmal die unschließbare Kluft zwischen den arabischen Armeen und der israelischen bestätigt. Gerade darum aber die Frage: Warum Erniedrigungen, Torturen, Demütigungen gegen wehr- und waffenlose Gefangene? Wie weit haben Charakteristika eines im Falle seines Sieges gnadenlosen Gegners den bisher wirklichen Sieger infiziert, wie tief der Nahostkonflikt, seine kriegerischen Folgen und sein Terrorismus eine hochzivilisierte und den Errungenschaften westlicher Aufklärung verbundene Gesellschaft deformiert? Das sind Kernfragen, zu deren eindeutiger Beantwortung Israel beitragen muß, und das um so dringender, weil nur so die Friedensgespräche vorankommen werden. Ihre Schlüsselworte heißen: *Kompromisse* und *Geduld*. Man könnte auch sagen: Die Ausdauer der Friedenswilligen muß triumphieren über die der Extremisten, Fundamentalisten, Gewalttäter. Vor allem aber: Ihnen muß durch wirtschaftliche Prosperität der soziale Nährboden entzogen werden. Es gibt nichts Wichtigeres zu tun.

Mein Verhältnis zu Israel kann durch Maßnahmen abwählbarer Regierungen nicht fundamental erschüttert werden. Das könnte nur durch eines geschehen: Wenn ich meine Kritik an Israel nicht mehr aussprechen dürfte, wenn ich sie verbergen, geheimhalten müßte, auch vor mir selbst. Erst dadurch könnte die Liebe zu »meinem Israel« versehrt, ja, zerstört werden. Aber ich fürchte nicht, daß es dazu kommen wird.

Universale Kulisse des Konflikts und seiner historischen Tiefe ist die Tragödie eines uralten Volkes, dessen Angehörige offenbar nur schwer heimisch werden können auf Erden und dabei, nach dem größten Massenmord der Geschichte, nun ihrerseits in Notwehr einem andern Volk den Weg zu einer Heimat versperren. Es ist wie ein Bann, wie ein Fluch, der auch vor dem neuen Staat auf altem Boden nicht haltgemacht hat, sondern im Gegenteil Juden dort am stärksten gefährdet, so sie sich sicher glaubten, nachdem ihre über Jahrtausende hin inbrünstige Hoffnung »Nächstes Jahr in Jerusalem« verwirklicht worden ist.

Mit diesem Land fühle ich mich unlösbar verbunden. Die Liebe zu ihm ist die Hülle meiner Kritik an ihm, ihm gehört all meine Bewunderung und so manches noch, das heraus will, aber ungesagt bleibt, weil es mir die Sprache verschlägt. Auch wenn in mir, unverbannbar und allgegenwärtig wohl bis an mein hoffentlich noch fernes Ende, Sorge hockt: Ich bin dennoch überzeugt von der Kraft dieses Landes und seiner Zukunft, ich baue auf die Phantasie, die Kreativität, die gewaltige Vitalität und die Überlebensfähigkeit meines Israel: *»Masada wird nie wieder fallen«* –? Nie wieder!

## *Susannah Heschel*
### *Juden beten nicht den Boden an*

Israel nimmt in meiner Vorstellung sowohl einen imaginären als auch einen physischen Raum ein. Als ich ein Kind war, gewann Israel Gestalt durch die hebräischen Lieder, die wir in der Schule sangen, Pionierlieder über die Bearbeitung des Bodens. In meiner Phantasie gehörte ich zu diesen Pionieren, und Milch und Honig strömten aus der dunklen Erde, während ich mich graben und pflanzen und ernten sah. Dabei war es weniger der Inhalt dieser Lieder als ihr Geist, die warmen Melodien, der lebhafte Rhythmus, und die Rundtänze, die uns alle atemlos machten. Dieser Geist stand in deutlichem Gegensatz zu den schwermütigeren, klagenden Melodien der Gebete, die gewöhnlich in Moll gehalten waren, die von der Sehnsucht nach Erlösung und der Trauer über das Exil sprachen. Israel hingegen wirkte frisch, energisch, jung.

Als kleines Kind nahmen mich meine Eltern zweimal mit nach Israel. Das war in den frühen Jahren, als das Land noch ganz arm war und sehr zu kämpfen hatte. Viele der Straßen waren noch unbefestigt, Nahrungsmittel waren kostbar, Einkäufe wurden in Zeitungen eingewickelt, und überall sah man Bettler. Trotzdem empfand ich Fünfjährige es als außergewöhnlich, daß ich auf demselben Boden wandelte wie einst König David und die Propheten. Während dieser Besuche hielten wir uns die meiste Zeit in Jerusalem auf, das noch ein Dorf war, und der Herzschlag dieser Stadt ist immer in mir lebendig geblieben. Das Leuchten der Steine im spätnachmittäglichen Sonnenuntergang gibt der ganzen Stadt eine magisch goldene Aura. Am bewegendsten aber war der Freitagnachmittag. Die Anstrengung der morgendlichen Besorgungen, der überfüllten Läden, die hektische Geschäftigkeit des frühen Nachmittags lösten sich langsam auf, und die Straßen leerten sich nach und nach. Überall roch man bereits den Duft köstlicher Abendmahlzeiten. Wenn wir dann abends von der Synagoge heimwanderten, füllten die Klänge der Freitagsgesänge aus den Eßzimmern über uns die Straßen, und mir schien es, als sei jeder Teil einer großen Familie, die an vielen Tischen verteilt saß. Ich hätte an irgendeine Tür klopfen können und wäre willkommen geheißen worden und zu Hause gewesen. Bei diesen Gelegenheiten hatte ich ein Gefühl von Zugehörigkeit als Jüdin, das ich nirgendwo sonst jemals erfahren habe.



Bei jedem Besuch, auch als Erwachsene, spürte ich so etwas wie Groll darüber, daß ich in den Vereinigten Staaten statt in Israel aufgewachsen war. Mich ärgerte die Kluft, die mich von den Israelis trennte, der Unterschied von Sprache und Mentalität. Ich fühlte mich schuldig: Diese Juden setzten ihr Leben im Interesse aller Juden aufs Spiel, während ich gemütlich in den Staaten saß. Als die terroristischen Angriffe begannen, wollte ich mehr als alles andere dort sein. Was gibt mir das Recht, der Gefahr auszuweichen, dachte ich; ist es nicht schmachvoll genug, daß ich, nach dem Krieg geboren, dem Mord an der vorigen Generation entgangen bin? Während der Reisen, die ich in meinen Studienjahren nach Israel unternahm, warnten mich Familie und Freunde vor den Attentaten, die weitergingen, aber zu Hause zu bleiben schien mir nicht gerechtfertigt. Mein Blut war doch nicht röter als das meiner israelischen Brüder und Schwestern?

Bis heute gibt es nichts, was dem Sabbat in Jerusalem vergleichbar wäre. Das ist keine Vergötterung des Landes, nicht die Vorstellung, daß Israel als physischer Ort heilig wäre. Nein, Jerusalem ist vielmehr von Erinnerungen erfüllt, die den Kern der religiösen Erfahrung bilden; es bietet Gelegenheit zu Augenblikken, in denen Gottes Gegenwart fühlbar wird. Jahrhundertelang haben sich Juden nach Jerusalem gesehnt; dieses Verlangen drückt sich in unseren Gebeten aus – dennoch konnten die meisten von uns von Jerusalem nur träumen, nie dorthin reisen. Wenn ich heute in Jerusalem bin, fühle ich mich umgeben von einem Strom jüdischer Sehnsucht. Es ist, als ob die Metaphern der Psalmen plötzlich Wirklichkeit würden, als ob die Berge wirklich sängen und tanzten, und ich möchte Halleluja rufen.

Aber da ist auch noch das physische Land Israel, die politische Realität, die so oft ein scharfer, unharmonischer Mißton zu meiner religiösen Erfahrung ist. Der Zionismus versprach Zuflucht und Sicherheit, Rettung vor dem Antisemitismus, vor Gewalttätigkeit und der westlichen Form christlicher Verunglimpfung der Juden. Nicht theologische Konstruktionen, jüdisch-christliche Freundschaften, politische Garantien verschiedener Regierungen, sondern ein Staat von Juden und für Juden sollte der erste und einzige Ort der Sicherheit sein. Und es wurde noch mehr verheißen: Nicht nur wäre der zionistische Staat ein Staat für die Juden, er würde auch eine neue Art von Staat sein, der ein politisches System von Gerechtigkeit versprach, wie es sie noch nie in der Geschichte in irgendeiner Form gegeben hatte.

Die zionistische Vision lebte von den religiösen Impulsen, die in der traditionellen Form des jüdischen Gottesdienstes enthalten waren, und so war Israel, wie ich es als Kind erfahren hatte, ein Wirklichkeit gewordener Traum, ein jenseitiges Erlebnis, hinter dem die göttliche Macht zu stehen schien. Nur ein paar Jahre zuvor waren die europäischen Juden ermordet worden, und nun hatten die Regierungen der Welt die Errichtung eines jüdischen Staates erklärt. Es schien unvereinbar mit dem Charakter des Wunderbaren, das Israel anhaftete, daß der Staat jemals Unrecht tun und Böses begehen konnte.

Dieses Gefühl war während des Sechstagekriegs noch sehr stark. Nur wenige Abschnitte meiner Kindheit sind mir so lebendig wie diese angespannten Wochen im Frühjahr 1967. Der zunehmend feindselige Ton der politischen Rhetorik im Nahen Osten war verbunden mit bedrohlichen Truppenbewegungen, sie erreichte ihren emotionalen Gipfel mit dem Rückzug der UN-Friedenstruppen aus Ägypten. Es war ein Gefühl wie im Wartezimmer einer Intensivstation, als ob Israel sich in der Schwebe zwischen Leben und Tod befände und mit ihm Leben und Tod aller Juden. Meine Freundinnen und ich verließen die Schule jeden Tag früh und meldeten uns zum Sammeln von Spenden für Israel. In der New Yorker Zentrale des United Jewish Appeal hörte ich, daß Juden ihre Ersparnisse eines ganzen Lebens, ihre Häuser, ihre Firmen gespendet hätten. Das Ende des Krieges im Juni 1967 brachte eine emotionale Erleichterung, die ganz außerordentlich war. Die Freude mischte sich mit Tränen über die Katastrophe, die vielleicht hätte eintreten können, und die Feiern waren von dem Ausdruck tiefer Verletzbarkeit geprägt, die wir alle empfunden hatten. Mein Vater war ein Flüchtling aus Europa, wie auch die meisten Freunde meiner Eltern, und der Krieg von 1967 bot eine besonders erschreckende Erinnerung an die Zeit des Nationalsozialismus. Die Jahre des PLO-Terrorismus, die nun folgten, vor allem das Massaker in München, das Kidnapping von Ma'alot, die Flugzeugentführung von Entebbe, die Ermordung von Leon Klinghoffer, die UN-Deklaration, die den Zionismus mit Rassismus gleichsetzte, verstärkten unter anderem das Gefühl, daß alle Juden verwundbar waren und daß die vom Staat versprochene Sicherheit jeden Augenblick vernichtet werden könnte.

Die dramatische Veränderung kam für mich während meiner Studienjahre in Israel in den späten siebziger Jahren. Plötzlich beobachtete ich erstmals etwas Neues: Ich sah Israel nicht mehr nur als verletzbares Zielobjekt für den Haß, sondern auch als Besatzungsmacht, die den besetzten Gebieten die Demokratie verweigerte, die Palästinenser erniedrigte und sich wie ein Hindernis für den Frieden oder sogar wie ein Friedensgegner verhielt. Ich war in Israel, als der damalige Premierminister Yitzhak Rabin das Camp Kaddum genehmigte, die erste jüdische Siedlung auf dem Gebiet der Westbank. Ich bemerkte die Straßensperren, an denen die Polizei arabische Wagen mit ihren blauen Nummernschildern anhielt und stundenlang warten ließ, während sie den jüdischen Autos mit ihren gelben Kennzeichen die Weiterfahrt gestattete. Ich hörte neue Stimmen, rassistische Töne, in denen Juden sagten: »Nur ein toter Araber ist ein guter Araber.« Ich sah orthodoxe Juden, meist aus Amerika gekommen, die mit Schußwaffen im Halfter durch ihre Lager auf der Westbank stolzierten wie Cowboys im Film. Der herrschende Machismo hatte keine Verwendung für Studentinnen und Wissenschaftlerinnen; auch mir sagte man, so wie jeder Mann zur Armee ginge, müsse jede Frau ihren Leib dem Staat zur Verfügung stellen und so viele Babys wie möglich gebären, um der Bedrohung durch die hohe arabische Geburtenrate zu begegnen.

Meine Niedergeschlagenheit und meine Entfremdung von Israel gingen tief, und zehn Jahre lang blieb ich dem Land fern. Der Zionismus schien verloren, und ich hatte kaum Hoffnung, jemals neue Beziehungen zu diesem Staat aufnehmen zu können. Nach und nach aber bekam ich Kontakt zu gleichgesinnten Israelis und amerikanischen Juden, Menschen, die wie ich die israelische Regierungspolitik im Lichte der zionistischen Versprechungen mit kritischen Blicken betrachteten. Als ich wieder regelmäßig nach Israel zu reisen begann, um dort zu forschen und zu lehren, entdeckte ich eine neue Art von Gemeinschaft und ein viel tieferes Engagement für den Staat. Ich fahre jetzt nach Israel nicht mehr nur, um religiöse Bedürfnisse zu stillen, sondern um mich an dem Bemühen, das Land zu formen, zu beteiligen, mich für die richtige Richtung einzusetzen und für die Erfüllung der Verheißungen des klassischen Zionismus.

Tatsächlich finde ich nur in Israel eine bestimmte Art von religiöser Inspiration. Der Sabbat in Jerusalem ist wie nirgendwo sonst in der Welt, und ich liebe und achte jeden Augenblick. Aber heute habe ich auch intellektuelle und politische Anregungen in Israel gefunden, die ähnlich außerordentlich sind und die es anderswo nicht gibt. Mit den Problemen des politischen Erbes aus dem 19. und 20. Jahrhundert, den Problemen von Nationalismus und Demokratie, Religion und Staat, Ethnizität und Multikultur, Patriarchat und Feminismus, theologischer Wahrheit kontra Toleranz sind fast alle Länder der Welt konfrontiert, aber in Israel scheinen sie in den Kreisen der Intelligenz stärker im Brennpunkt zu stehen. Israel mag nicht das sein, was der zionistische Traum uns vorstellte, kein politisches Licht für die Völker, aber vielleicht bietet es die beste Chance, die Konflikte anzugehen und zu lösen, mit denen alle Länder in diesem Jahrhundert zu kämpfen haben.

In den letzten Jahren haben einige jüdische Theologen darauf bestanden, daß innerhalb des Judaismus der religiösen Bedeutung des Landes eine zentrale Rolle zukommen müsse, weil der Judaismus nicht als eine Religion der Zeit definiert werden könne, das sei unzionistisch. Aber das Land kann als Land nicht heilig sein; Juden beten nicht den Boden an. Das Land kann höchstens der Ort für die zu schaffende Heiligkeit sein. Jüdische Überlieferung, das scheint mir festzustehen, lehrt nicht, daß Gott in Israel mehr anwesend sei als anderswo, denn Gott ist nicht durch den physischen Raum zu erreichen, sondern vielmehr in Augenblicken des Glaubens, in geheiligter Zeit. Dafür ist Israel so verflochten mit jüdischer Geschichte und jüdischem Glauben, daß es die Fähigkeit hat, eine Wiederbelebung des religiösen Geistes auszulösen. Die Aufgabe der Juden, schrieb mein Vater, sei es, »das Heilige menschlich zu machen und das Profane zu heiligen«. Diese Verpflichtung sei auf dem Gebiet der Politik von höchster Wichtigkeit, denn Macht, schrieb er, kann »teuflisch werden, wenn sie von dem sittlichen Ziel und der sittlichen Verantwortung getrennt wird«.

Meine Verpflichtung Israel gegenüber ist transzendent, eine Hoffnung, daß durch die Lösung seiner Probleme andere Länder von seinen Einsichten profitieren können. Die Vision des Zionismus ist damit nicht vermindert, aber sie hat sich zu einer Herausforderung gewandelt. Der Staat Israel ist kein Allheilmittel, sondern ein Maß für die moralische Textur, den Anspruch, daß Gerechtigkeit über der Macht steht. Der Staat Israel ist kein Geschenk an die Juden und auch keine Errungenschaft der Juden, sondern er stellt die Integrität des jüdischen Volkes und die Tauglichkeit des Judaismus auf die Probe.

Die Juden sind heute mit der Frage konfrontiert: Wie lebt man in der Stadt Gottes, im Land der Bibel? Wir fragen nach dem Leben in der Sphäre des Heiligen, während Deutsche nach dem Leben im Angesicht des Teuflischen fragen. Unsere Aufgaben sind einander diametral entgegengesetzt, aber vielleicht sind unsere ebenso komplex wie die für die Deutschen, die im Lande von Auschwitz leben müssen und nicht wissen, wie. Für uns beide steht das Politische nie isoliert, sondern in enger Verbindung mit dem moralischen und theologischen Bereich unseres Seins. Wie wir unsere Verantwortungen und die damit einhergehenden Verpflichtungen auf uns nehmen, ist das höchste Kriterium unseres Wertes als Menschenwesen.

*Aus dem Englischen von Ilse Strasmann*

## *Michael Walzer*

*Ich setze größere Hoffnungen auf Israel ...*

 Meine erste Reise nach Israel machte ich im Juni 1957. Ich war jung, frisch verheiratet und unternahm mit meiner Frau und zwei Freunden das, was dann zu einer Art amerikanisch-jüdischer Reise wurde. Wir waren Studenten und hatten nicht viel Geld; in einem alten Auto fuhren wir durch Europa, übernachteten in Jugendherbergen und billigen Hotels, besuchten das Konzentrationslager Dachau (und eilten wieder fort), wanderten leichteren Herzens durch die alten Ruinen Athens und schifften uns dann in Piräus nach Haifa ein. Aus größerer Entfernung betrachtet, war es nach den Maßstäben des 20. Jahrhunderts eine ganz gewöhnliche Reise, wie sie sicher seit den fünfziger Jahren von vielen Menschen unternommen worden ist. Für mich war sie außerordentlich bewegend – und nicht nur aus den zu erwartenden Gründen.

Unsere Überfahrt hatten wir monatelang vorher gebucht, und es stellte sich nun heraus, daß das Schiff ein Flüchtlingsschiff war, das aus Genua kam. Wir waren die einzigen, die in Piräus zustiegen, und die einzigen zahlenden Passagiere. Die anderen waren ägyptische Juden, die nach dem Suezkrieg geflohen waren (über Italien), und polnische Juden, die nach dem »polnischen Oktober« und den Reformen Gomulkas geflohen waren (ebenfalls über Italien). Die Ägypter waren gute Bürger – Kleinbürger nach den materiellen Maßstäben der Amerikaner –, aber kosmopolitisch im Stil der Juden Alexandrias. Sie sprachen alle Französisch und trugen jeden Tag Anzüge und Kleider. Sie waren auch überwiegend fromm, so wie sephardische Juden fromm sind, eher locker als streng orthodox, aber doch fromm: Jeden Morgen versammelten sich die Männer zum Morgengebet in einer Behelfssynagoge, die sie an Bord eingerichtet hatten. Die Polen dagegen waren absolut weltlich, überwiegend Kommunisten, eher Freiberufler als Kaufleute, immer zwanglos gekleidet. Sie waren entsetzt gewesen, als Gomulka wieder Priester und katholische Gebete in den staatlichen Schulen zugelassen hatte; da sie befürchten mußten, daß nun auch der polnische Antisemitismus zurückkäme, hatten sie erst ihre Kinder aus den Schulen genommen und dann Anträge gestellt und Hindernisse überwunden, um das Land verlassen zu können.



Unter den Polen war ein Mann Mitte der Dreißig, der als Übersetzer englischer Bücher für den polnischen Staatsverlag gearbeitet hatte. Kurz zuvor hatte er Jerome Klapka Jeromes Drei Mann in einem Boot übersetzt, einen köstlichen Roman vom Ende des vorigen Jahrhunderts (politische Bücher waren nicht erlaubt gewesen), den meine Frau und ich gelesen und hübsch gefunden hatten. Seinen Namen habe ich längst vergessen, aber er wurde für die Dauer der Reise unser Freund und Dolmetscher. Und er erzählte uns eine Geschichte, die sich mir für immer eingeprägt hat. Eines Morgens wanderte sein Sohn, sechs oder sieben Jahre alt, auf dem Schiff herum und stieß auf die betenden Ägypter. Er sah ihnen zu, und am nächsten Morgen ging er wieder hin, um sie wieder zu beobachten. Mit einem besorgten Blick kam er dann zu seinem Vater. »Was machen die da?« fragte er. »Ich dachte, Juden wären Menschen, die nicht beten!«

Der Vater hat uns nicht erzählt, was er darauf geantwortet hat. Wesentlich an der Geschichte war die Feststellung, mit der sie endete. Tatsächlich, polnische kommunistische Juden waren Menschen, die nicht beteten, und der Junge war aus der Schule genommen und von seinen Klassenkameraden getrennt worden, damit er nicht gezwungen sein würde, katholische Gebete zu sprechen (jüdische Gebete wären seinen Eltern ebenso fremd gewesen). Aber ägyptische Juden waren Menschen, die eben doch beteten und sich von ihren muslimischen und koptischen Nachbarn durch die Gebete unterschieden, die sie sprachen. Was hatten die beiden Gruppen gemein?

Außerdem an Bord waren auch noch ein paar Vertreter der Jewish Agency; sie sollten den Ägyptern und den Polen helfen, sich auf ein Leben in Israel vorzubereiten – ein Leben, auf das sie schließlich nicht gefaßt waren und das sie sich nicht ausgesucht hatten. Diese Flüchtlinge waren ja keine militanten Zionisten. Die Polen hatten wahrscheinlich sogar eine antizionistische Ideologie in sich aufgenommen, und die Ägypter gar keine; sie hatten sich in ihrer Diaspora ganz wohl gefühlt. Um uns kümmerten sich die Leute von der Agency nicht; wahrscheinlich verachteten sie diese reisenden amerikanischen Studenten ein bißchen. Sie sprachen mit den Flüchtlingen darüber, wohin man sie bringen würde, wenn sie ankamen, mit welcher Art von Unterstützung sie würden rechnen können, wie wichtig es war, Hebräisch zu lernen, und welche Arbeitsplätze ihnen wahrscheinlich offenstünden. Und sie versuchten, ein bißchen Zuneigung zum Land und Staat Israel in ihnen zu wecken. Sie lehrten die Kinder die Lieder und Tänze der israelischen Jugendgruppen; sie lehrten die Polen, *Hatikwa*, »Die Hoffnung«, zu singen, die zionistische Hymne. Die Ägypter kannten sie schon, denn das Lied war der Bewegung entschlüpft und wurde seit Jahrzehnten auch in den Synagogen gesungen. Es gab ein paar zurückhaltende Vorträge – oder vielmehr Gespräche – auf französisch und polnisch über israelische Geschichte und Politik. Die Flüchtlinge waren besorgt und mit sich selbst beschäftigt; die Leute von der Jewish Agency versuchten, keinen Druck auszuüben.

Wir waren alle an Deck, als die Höhen des Karmel eben südlich von Haifa in Sicht kamen, unser erster Blick auf das, was die Ägypter, nicht aber die Polen, als das »gelobte Land« kannten. Aber es war einer von den Polen, der – leise und zögernd – *Ha-*

*tikwa* zu singen begann. Und dann sangen wir alle, und die meisten von uns weinten, und ich begriff sehr gut, was diese Menschen miteinander gemein hatten. Sie teilten die Hoffnung auf einen Ort, wo sie in Sicherheit leben und sich zu Hause fühlen konnten, als Juden, die beteten, und Juden, die nicht beteten. Und für sie gab es keinen anderen Ort.

Für meine Frau und mich gab es einen anderen Ort, sogar ein anderes gelobtes Land, Amerika, die *goldene Medina* unserer Eltern und Großeltern, und dorthin würden wir nach ein paar Monaten in Israel zurückkehren. Was also hatten wir mit den Ägyptern und den Polen gemein? Natürlich hatte ich auf diese Frage eine intellektuelle Antwort. Ich wäre ja gar nicht auf dem Schiff gewesen, wenn ich nicht in gewisser Weise schon Zionist gewesen wäre. Ich glaubte an die Einheit des jüdischen Volkes und an das Recht der Juden auf nationale Befreiung und – nach dem Holocaust – an das dringende Bedürfnis nach einer jüdischen Staatlichkeit. Was ich auf dem Weg von Piräus nach Haifa begriff, war die emotionale Beziehung zwischen diesen Überzeugungen. Mein Gefühl, mit den Menschen an Bord verwandt zu sein, war so stark, daß ich noch heute keine Worte finde, es auszudrücken, und ich habe auch – nach 40 Jahren des Schreibens – gar nicht das Bedürfnis, es auszudrücken. Seit jener Zeit bin ich ein Zionist, nicht wegen all der anderen bekannten Gründe, sondern auch wegen dieses Jungen, der sich plötzlich nicht mehr sicher war, was es heißt, Jude zu sein, und der so plötzlich von der jüdischen Erfahrung eingeholt wurde.

Ich setze größere Hoffnungen auf Israel als nur die, daß es ein Ort sein möge, an dem Kinder wie er ungefährdet leben und herausfinden können, wer sie sind. Aber das steht natürlich an erster Stelle. So oft mich meine Erwartungen veranlassen, dieses oder jenes an der israelischen Regierung oder ihrer Politik zu kritisieren, was häufig geschieht, erinnere ich mich an die Ägypter und die Polen auf jenem Schiff 1957. Ich vermute, sie haben in Israel ein Zuhause gefunden, und weil sie das haben, weil sie das konnten, ist ihr Israel auch meines.

*Aus dem Englischen von Ilse Strasmann*

# IV. In Israel

*Jakob Hessing*
*Moshe Zimmermann*
*Moshe Zuckermann*
*Gabriel Motzkin*
*Dan Diner*

## *Jakob Hessing*
### *Antwort und Frage*

In traditionellen Familien ist es Brauch, Kinder nach verstorbenen Verwandten zu nennen. Ein Teil des Verlustes wird damit wieder gutgemacht: Der Name – so geht der Glaube – verewigt den Gestorbenen und überwindet seinen Tod. 
Das ist eine alte Geschichte. Und der Name Israel, von dem hier die Rede sein soll, ist ihr Musterbeispiel. Er stammt aus dem Alten Testament, dem ersten Buch des Monotheismus, der die Unsterblichkeit der Seele zum Dogma erhebt, und mehr als jeder andere Name gibt er den Wunsch preis, aus dem er erwächst. Denn ursprünglich hieß Israel gar nicht Israel, sondern Jakob. Sein Großvater, Abraham, war Gottes Ruf gefolgt und hatte einen ersten Bund mit der Ewigkeit geschlossen; zur Belohnung erhielt er seinen Sohn des Alters, Isaak, durfte das Gottesvolk gründen; erst der Enkel jedoch gab dem Stamm seinen Namen: Jakob hatte sich lange in der Fremde aufgehalten, und als er wieder heimkam, überfiel ihn ein Engel, wollte ihn töten. Jakob aber ließ sich nicht besiegen, und seitdem heißt er Israel, der Gottesstreiter – starker Mann der Urfamilie, der den Tod aus eigener Kraft überwunden hat und dessen Nachfahren, die Kinder Israel, daher ein ewiges Volk sind.

Das ist die alte Geschichte, doch sie ist alles andere als einfach. Jakob war außer Landes gegangen, weil er seinen erstgeborenen Zwillingsbruder Esau um das Erbrecht betrogen hatte, und betrachtet man es genau, so hatte auch Isaak schon einen älteren Halbbruder, den aber der Großvater mitsamt seiner Mutter Hagar in die Wüste schickte. Warum der unglückliche Ismael nicht in Abrahams Bund aufgenommen wurde, weiß Gott. Die enterbten Brüder jedenfalls rächten sich bald und machten Konkurrenzunternehmen auf, die den Kindern Israel ihre Ewigkeit oft schwer werden ließen.

Auf dem Jakobssegen liegt ein Fluch, der seinen Schatten nicht nur über den mythologischen, sondern auch über den historischen Teil des Alten Testaments und die nachbiblische Zeit wirft. Schon sehr früh, nach König Salomos Tod, brach das Reich auseinander, zehn der zwölf Stämme vereinigten sich noch einmal unter dem Namen Israel, im Jahre 722 v. Chr. führten die Assyrer sie in die Verbannung, seither sind sie verschollen. Übrig blieben die beiden um Jerusalem zentrierten Südstämme, dann wurden auch sie vertrieben, 586 v. Chr. zunächst in die nur kurze babylonische Gefangenschaft, 70 n. Chr. schließlich in ein Exil von fast 2000 Jahren. Nach einem seiner letzten beiden Stämme, Jehuda, hieß der Restbestand des Volkes nun die Juden – doch als David Ben Gurion im Jahre 1948 ihren Staat ausrief, nahm er den Namen der Verschollenen wieder auf und nannte ihn Israel.

Es war nicht zum erstenmal in der Geschichte des Landes, daß man den Namen eines längst untergegangenen Volkes erneut ins Feld führte. Schon die Römer – zunächst als Heiden und später als Christen – machten den Juden ihr Heimatrecht streitig, indem sie das Andenken der einst von König David geschlagenen Philister beschworen. Sie nannten diese Provinz ihres Reiches nicht mehr Judäa, sondern Palästina, und seit der jüdischen Staatsgründung wiederholt sich das jetzt. Der Zionismus, so formuliert es der Historiker Amos Elon, hat gleich zwei Nationalbewegungen geschaffen. Seit Jahrzehnten treten auch die Araber des Landes den heimgekehrten Kindern Israel als Erben dieses längst verschollenen Volkes entgegen, nennen sich Palästinenser: Zwei feindliche Gedächtnisse feiern die Riten uralter Wiederauferstehungen.

Aber man hat mich nach *meinem* Israel gefragt und will also wissen, was das alles mit *mir* zu tun hat. Als ich zur Welt kam, 1944, herrschte Krieg. Das war in Polen, meine Eltern waren dem Ghetto ihres Schtetls entkommen, mit anderen Juden lebten sie im unterirdischen Versteck bei einem Bauern. Nach der Befreiung machten sie einen Schritt, der mein Leben bestimmt hat und den ich heute, aus der Perspektive des Erwachsenen, nicht verstehen kann: Vor den Russen flohen sie nach Westen und ließen sich in Berlin nieder.

Mein Vater ist seit langem tot. Meine alte Mutter hat immer ein gestörtes Verhältnis zur Wirklichkeit gehabt, vielleicht erst seit Hitler, vielleicht schon vorher; mit ihr habe ich die Logik dieser Entscheidung niemals ergründen können. Ich bin in Charlottenburg aufgewachsen, in Gegenden, die damals Westberlin hießen, ich besuchte das humanistische Erich-Hoepner-Gymnasium, und 1964 ging ich nach Israel. Von einer ideologisch begründeten Auswanderung kann dabei nicht die Rede sein. Ich war älter als die jüdischen Nachkriegskinder, die Sozialisierung in einer zionistischen Jugendgruppe habe ich nicht erfahren, ich wußte nur, daß Berlin nicht der Ort war, an dem ich mein Leben verbringen wollte. In Israel faszinierte mich der Kibbuz, auf dem ich zuerst arbeitete, nach dem Sechstagekrieg nahm ich in Jerusalem mein Studium auf und habe die Stadt nicht wieder verlassen, ich heiratete Batschewa, die schon im Säuglingsalter aus dem Iran ins Land gekommen war. Unsere fünf Kinder sind keine Aschkenasen und keine Sepharden. Sie sind Israelis.

Wenn ich versuche, diese Jahre im kursorischen Rückblick zusammenzufassen, fällt mir auf: Ich habe mich in meiner Wahlheimat immer mit der Kultur des deutschen Judentums beschäftigt und unterrichte das an der Hebräischen Universität, schreibe über Else Lasker-Schüler und Sigmund Freud, mit zwei Freunden in Deutschland – dem Aachener Germanisten Hans Otto Horch und Thomas Sparr, dem Lektor des Jüdischen Verlags in Frankfurt am Main – plane ich eine Geschichte der deutsch-jüdischen Literatur. Warum ist das so?

Ich bin kein frommer Jude. Mein Vater hat im Polen der Zwischenkriegsjahre noch eine traditionelle Ausbildung erhalten, aber in Berlin ist mir davon nichts mehr vermittelt worden, und auch ein Bekehrungserlebnis ist mir nicht widerfahren. Ich kann mir nicht vorstellen, daß ein Gott, wenn es ihn geben sollte, seine Pläne ausgerechnet auf meine Person zuschneidet.

Mein Glaubensverlust aber nimmt der alten Geschichte, der der Staat Israel seinen Namen verdankt, nichts von ihrem Wert. Im Gegenteil: Diese Geschichte ist zu alt und zu tief, um von Glauben oder Unglauben abhängig zu sein. Sie ist zwar im Hebräischen überliefert, aber sie wurde in alle Sprachen der Welt übersetzt und in diesen Sprachen verstanden, weil sie die Wünsche des seiner Sterblichkeit bewußten Menschen in Bilder faßt, ohne ihm vorzugaukeln, daß die Welt besser sei, als sie ist. Wer noch glauben kann, daß der liebe Gott für das Wohl seines Volkes sorgt, der mag diese Bilder als Heils-Geschichte lesen; aber auch wer diesen Glauben verloren hat, wird sich ihrer Wahrheit nicht entziehen – die Bilder erzählen, daß es eine menschliche Existenz ohne Erinnerung nicht geben kann; daß in der Erinnerung die Zeit, und mit ihr die Sterblichkeit, aufgehoben ist; daß der Bogen, den die Erinnerung von der Vergangenheit zur Zukunft schlägt, einen Sinn stiftet. Das ist mein jüdisches Erbe, das ich nicht abschütteln kann und nicht abschütteln will: Unser Leben hat einen Sinn. Ob es einen Gott gibt oder keinen Gott oder viele Götter, das weiß ich nicht; auf diese Fragen habe ich keine Antwort. Aber in den heiligen Texten des Monotheismus ist ein Sinn gesetzt, und in der Geschichte des Namens Israel findet er seine Quintessenz. Ob dieser Sinn von Gott gegeben ist oder von Menschen, ob eine frohe oder eine traurige Botschaft ihn verschlüsselt: Das bleibt für mich nebensächlich. In der Geschichte Israels sind die Varianten niedergelegt, sie erzählt von Glück und Unglück, von Wahrheit und Lüge, von Sieg und Untergang. Ihr Sinn erschließt sich dem Suchenden, und auch ich, gottgläubig oder nicht, bin durch eine Schule der Jahrtausende vor-gebildet, lese die Spuren meiner Erinnerung, um diesen Sinn zu entdekken.

Das ist nicht leicht. Den Schritt meiner Eltern, die sich nach dem

Krieg in Berlin niederließen, verstehe ich bis heute nicht, aber in meinem Leben versuche ich ihm eine Deutung zu geben. Als mich die Eltern von Polen nach Deutschland brachten, wiederholte ich wie in der Zeitmaschine noch einmal den Vorgang, der in der Geschichte meines Volkes oft stattgefunden hat: Ich wurde vom Ostjuden zum Westjuden. So konnte ich mich später, als ich in den Staat weiterzog, der nach der Vernichtung entstanden war, einem Erbe zuwenden, das das öffentliche Gedächtnis in Israel lange verdrängt hat – der Erfahrung des deutschen Judentums, das den Sinn seiner kollektiven Existenz erstmals als menschliche, nicht mehr als göttliche Fügung bestimmen wollte. Der Zionismus durfte das nicht als einen Teil seiner Vergangenheit anerkennen, weil die deutschen Juden ihr Heil in der Diaspora gesucht hatten, aber ohne die Erfahrung Theodor Herzls und vieler anderer deutsch schreibender, deutsch denkender Juden hätten sich die messianischen Hoffnungen wohl kaum in eine politische Bewegung verwandelt.

Heinrich Heine und Franz Kafka, Joseph Roth und Nelly Sachs, Paul Celan und Jurek Becker: Sie alle sind Sucher in Zeiten des Sinnverlustes. Sie alle beschreiben ein katastrophales Scheitern, aber in unserer alten Geschichte sind auch die Katastrophen vorgesehen. Ich helfe mit, sie unserem Gedächtnis einzuprägen: Das ist mein Israel.

## *Moshe Zimmermann*
## *»Kriegserlebnisse« auf Distanz: Mein Verhältnis zum Militär*

130 Im wesentlichen ist es den israelischen Verteidigungsstreitkräften, dem *Zahal* (Abkürzung für hebr. *Z'va Haganah le-Israel*) zu verdanken, daß der Staat Israel aus der Sicht seiner zionistischen Staatsbürger als endgültige und absolute Antwort auf den desolaten Zustand der *Galut*, also der Diaspora oder des Exils, und vor allem auf die Macht- und Hilflosigkeit der Juden während des Holocaust verstanden wird. Der bewaffnete israelische Soldat gilt zionistischen Juden nicht nur als Symbol der Bereitschaft zur Abwehr und Verteidigung. Er wurde vielmehr zum Inbegriff des neuen, stolzen Juden. Auch in den Augen der Welt außerhalb Israels ist der israelische Soldat das Gegenbild zum traditionellen jüdischen Händler oder Ghettojuden geworden.

Der Krieg von 1948, der in der israelischen Historiographie als Befreiungskrieg oder Unabhängigkeitskrieg bezeichnet wird, führte zum ersten sichtbaren Erfolg des israelischen Soldaten. Er hat nicht nur das Gebiet, das nach dem Beschluß der UN-Vollversammlung vom November 1947 dem jüdischen Staat zugesprochen wurde, verteidigen können. Er konnte dieses Gebiet im Kampf gegen Palästinenser, Ägypter, Jordanier, Syrer, Libanesen, Iraker und andere sogar noch ausdehnen. Daß in diesem Krieg zirka 6000 israelische Juden, also etwa 1 % der israelischen Bevölkerung, ums Leben kamen, wurde im Laufe der Zeit verdrängt. Was in der Erinnerung haften blieb, waren Erfolg und Heldentaten. Der Nimbus des israelischen Militärs verbreitete sich mit den »Vergeltungsschlägen«, die die legendäre »Einheit 101« jenseits der israelischen Grenzen in den 50er Jahren durchführte, und noch stärker durch den Sechstagekrieg von 1967. Das Image des siegreichen israelischen Soldaten schien nicht allein das Bild des hilflosen Ghettojuden der Vergangenheit zu ersetzen, es trat an die Stelle des inzwischen nicht mehr existierenden Bildes des preußischen Soldaten, und der Judenstaat verwandelte sich für viele seiner Verehrer in ein neues Preußen.

Meine persönliche Beziehung zum israelischen Soldaten- und Heldentum kann vor diesem Hintergrund als eher problematisch bezeichnet werden. Mein Geburtsdatum, der 25. Dezember 1943, gewann in der Geschichte der Kriege in meinem Land eine historische Bedeutung: An diesem Tag wurde die seit Beginn des Zweiten Weltkrieges über Palästina verhängte Verdunklung der Fenster in der Nacht aufgehoben. Dies war für die Zivilbevölkerung in Palästina ein deutliches Zeichen für das sich nähernde Kriegsende in der Region. Seit meiner Geburt warte und hoffe ich auf das Kriegsende.

Der erste Krieg, den ich bewußt erlebt habe, brach aus, als ich vier Jahre alt war – der israelische Unabhängigkeitskrieg. Als Kind im belagerten Jerusalem war für mich der Krieg keineswegs eine heroische Angelegenheit. Der Weg zum Kindergarten war durch fallende Granaten gefährdet; die gegenüber der Altstadtmauer gelegene Wohnung lag unter ständigem Beschuß von arabischen Scharfschützen, die auf der Mauer postiert waren; in den Nächten schliefen wir im Keller. Und als Granaten auf das Dach unseres Hauses schlugen, vertraute ich eher den dicken Außenmauern des Gebäudes als unseren Soldaten. Daß mein damals im 34. Lebensjahr stehender Vater zur Bürgerwehr gehörte, war für mich eher eine seelische Belastung als eine Quelle der Kriegsbegeisterung.

Kein Wunder also, daß wir Jerusalemer Kinder ein eher skeptisches Verhältnis zum Krieg und zum Soldatentum entwickelt haben. Zwar wurden uns in den Nachkriegsjahren die mythischen Geschichten über den Befreiungskrieg in der Schule erzählt, um uns, wie alle Israelis, auf das Militär stolz zu machen. Doch das Trauma des Krieges und die Realität der geteilten Stadt, in der von den Mauern der Altstadt herab auch nach dem Krieg bisweilen immer noch Schüsse fielen, haben diesen Mythos relativiert. Meine Kriegserlebnisse, die vielleicht mit denen der europäischen Bevölkerung im Weltkrieg *mutatis mutandis* vergleichbar sind, erklären meine Reserviertheit gegenüber Krieg und Militär. Wer die Belagerung und Not in Jerusalem im Jahre 1948 selbst als Kind miterlebt hat – ausgenommen vielleicht diejenigen, die im rechtsorientierten, nationalistischen Milieu aufgewachsen sind –, neigt nicht zu einer automatischen, blinden Kriegverherrlichung.

Was sich mir zusätzlich eingeprägt hat, war das Nachdenken über den Preis. Bedrückt hat mich das bittere Schicksal von zwei aus dem nationalsozialistischen Deutschland entkommenen Familien im Freundeskreis meiner Eltern: Der einzige Sohn der Familie Goldschmied, Kommandant von Gush Ezion – praktisch die südlich von Jerusalem gelegene Pufferzone der Stadt –, und der einzige Sohn der Familie Meier, der einen Versorgungskonvoi für das belagerte Jerusalem begleitete, fielen im Kampf, wie es im patriotischen Sprachgebrauch heißt. Bereits als Kind hatte ich verstanden, daß die weithin gebräuchliche Formel »Er ist für das Vaterland gefallen« wohl gleichzusetzen war mit dem Satz »Er starb für dich«. Mit anderen Worten: An seinem Tod bin ich mitschuldig.

Später, als 30jähriger Doktorand, besuchte ich Hamburg, die Geburtsstadt meiner Eltern. Dort lernte ich die trotzende Inschrift auf dem Barlach-Mahnmal für die toten Soldaten des Ersten Weltkriegs – darunter auch Mitglieder meiner Familie – kennen: »40 000 Söhne der Stadt starben für Euch«. Ohne Euphemismen! Nicht gefallen, sondern gestorben sind sie; nicht fürs Vaterland, sondern für uns; junge Leute, nicht alte. In Israel ist eine solche Inschrift noch immer unangebracht: Das Vorbild, das Israelis vor

Augen haben, ist Josef Trumpeldor, der Soldat, dessen – nach der Überlieferung – letzte Worte in einem verlorenen Gefecht im Jahre 1919 für Israelis wegweisend geworden sind: »Es ist gut, für unser Land zu sterben«, eine israelische Version des römischen *Dulce et decorum est pro patria mori.*

So wird verständlich, daß die größte Hoffnung, die ich als Kind hegte, die war, im Alter von 18 Jahren nicht mehr zum Militär eingezogen zu werden, weil bis dahin endlich Frieden herrschen werde. Dann würde ich nicht für die anderen, die anderen nicht für mich kämpfen und sterben müssen. Doch die Lage nach 1948 war in dieser Hinsicht keineswegs vielversprechend: Der Kriegszustand zwischen Israel und seinen arabischen Nachbarstaaten wurde mit der Einstellung der Kampfhandlungen von 1948/49 nicht beendet. Beide Seiten setzten ihre Hoffnungen weiterhin auf militärische Erfolge. Kurz vor meiner *Bar-Mizwa*-Feier 1956 fand der Sinai-Feldzug statt. Israel war wieder militärisch erfolgreich, zahlte diesmal gar einen niedrigeren »Preis«: Weniger als 200 israelische Soldaten ließen ihr Leben. Die israelischen Fallschirmjäger wurden ebenso besungen wie die Eroberung des Berges Sinai, auf dem die Israeliten vor 3000 Jahren die Zehn Gebote im Bund mit Gott erhalten haben sollen. Daß es sich beim Sinai-Feldzug um eine Einmischung in einen post-imperialistischen Krieg handelte und selbst die Öffnung der Meerengen, die den Zugang zum Hafen von Eilat gewährten, den Preis dieses Krieges vielleicht nicht wert waren, wurde zunehmend verdrängt. Israel mußte unter dem Druck der Supermächte auf seine Eroberungen verzichten. Anstatt aber infolge dieser Erfahrungen zu dem Schluß zu kommen, Krieg in Zukunft am besten zu vermeiden, zog die israelische Politik aus diesem Feldzug in erster Linie die Lehre, daß es beim nächsten Mal nicht zum Rückzug kommen dürfe.

Daß Israel nach dem Abzug aus dem Sinai zehn Jahre relative Ruhe genießen konnte, ist inzwischen in Vergessenheit geraten. In diese Zeit, die Jahre von 1964 bis 1967, fiel mein Wehrdienst im israelischen Heer. Und ich konnte sehen, wie die israelische Neigung zum Militärischen doch eine Kriegsbereitschaft begünstigte: Zwischenfälle an der syrischen Grenze, Spannung mit

Ägypten und die Aktivität der PLO seit 1965 lenkten die Aufmerksamkeit immer mehr auf die Unumgänglichkeit des »ewigen Krieges«. Vor dem Hintergrund des Eichmann-Prozesses in Jerusalem 1961 war es allzu selbstverständlich geworden, entschlossen mit dem Kontrast zwischen jüdischer Wehrlosigkeit in der Vergangenheit und Kriegsbereitschaft in der Gegenwart zu argumentieren. Als es dann im Mai 1967 zur Krise kam, wurde die israelische Gesellschaft von Bildern aus dem Zweiten Weltkrieg verfolgt; der militärische Sieg aber galt als endgültiger Beweis für die Existenz eines neuen, soldatisch-heroischen Judentums. *Casus belli* für den Sechstagekrieg von 1967 waren wieder die Meerengen nach Eilat, doch der Preis des großen Sieges war diesmal höher – mehr als 700 israelische Soldaten verloren ihr Leben. Schlimmer noch: Diesmal gab es keinen Rückzug, die eroberten Gebiete fielen unter eine andauernde Besatzung, die bis heute nicht beendet ist.



Ich hatte kurz vor Beginn der Krise im Mai 1967 meinen Militärdienst beendet, war aber als Reservist an den Vorbereitungen meiner Militäreinheit für die Eventualität einer territorialen Eroberung durch Israel mitbeteiligt gewesen. Den Krieg selbst konnte ich als Zivilist in Jerusalem verbringen, wo ich nochmals, jetzt im Alter von 23 Jahren, das Kriegsgetümmel erleben mußte. Dies verschaffte mir Distanz: Wo alle Bekannten aktiv am Krieg teilnahmen oder mindestens als Reservisten eingezogen waren und direkt zur Begeisterung, ja zur Euphorie, beitrugen, fragte ich nach dem Preis: Um Ost-Jerusalem zu »befreien«, starben etwa 60 israelische Soldaten, darunter auch einer meiner Klassenkameraden. Und natürlich starben diejenigen, die für die angebliche Befreiung Jerusalems gefallen sind, eigentlich für mich. Als ich diese Überlegung *en passant* der ehemaligen Klassenlehrerin meines ersten Schuljahres vortrug, zeigte sie sich befremdet. Für die meisten Israelis galt der Ausgang des Krieges als absolute zionistische Antwort auf die lange jüdische Leidensgeschichte.

Ich machte mir mitten im Siegestaumel, wie viele andere, Illusionen. Ich hoffte nun, daß mein 1952 geborener Bruder niemals mehr Soldat werden müsse, da es bis 1970 sicher zum Frieden kommen werde. Statt dessen kamen Hybris, politische Blindheit, militärische Überheblichkeit und schließlich der Zermürbungskrieg am Suez-Kanal und der Yom-Kippur-Krieg von 1973. Gemessen an den Ausgangspositionen und Erwartungen kam der Ausgang des Yom-Kippur-Krieges einer israelischen Niederlage gleich. Auch der Preis war extrem hoch: Mehr als 3000 israelische – und noch mehr arabische – Soldaten ließen ihr Leben. Auch den Yom-Kippur-Krieg erlebte ich als Zivilist, und zwar aus der sicheren Distanz der Stadt Hamburg, in der ich mich als Student aufhielt. Frustrierend war dies für mich nicht nur, weil wieder andere für mich starben, sondern weil ich aus der Hamburger Perspektive den Krieg anders beurteilen konnte als die Menschen in Israel. Sorgen mußte ich mir darüber hinaus um meinen Bruder machen, der an der ägyptischen Front sein Leben riskierte. Die Hoffnung, daß er, der neun Jahre jünger war als ich, nicht als Soldat an einem Krieg beteiligt sein würde, war vergeblich gewesen.

Es waren vor allem die Überraschung zu Beginn des Krieges und der Kontrast zum Sechstagekrieg, die zum ersten Mal den Glauben der israelischen Gesellschaft an das israelische Militär erschütterten. Man suchte nach Schuldigen und fand sie schnell. Die Politik aber, die zu diesem Kriege geführt hatte, blieb vom Schuldspruch verschont. Die Wahlen, die weniger als vier Jahre nach dem Yom-Kippur-Krieg stattfanden, brachten dann sogar eine Regierung von *Hardlinern* und Befürwortern der unnachgiebigen Haltung in Sachen »Groß-Israel« unter Leitung von Menachem Begin an die Macht.

Doch die Geschichte kann auch ironisch sein: Ausgerechnet diese Regierung zeigte sich unter dem Druck der amerikanischen Supermacht nachgiebig, unterschrieb den ägyptisch-israelischen Friedensvertrag von 1979 und räumte den Sinai. Daß erst der militärische Rückschlag 1973 den Frieden mit Ägypten und anderen arabischen Staaten einleiten konnte, haben allzu viele Israelis bis heute nicht begriffen. Noch immer geht man von der Devise aus, daß man nicht nur militärisch stark sein, sondern auch Härte und Unversöhnlichkeit demonstrieren müsse, um in der Region existieren zu können. Bei dieser Mentalität – und mit einer parallel laufenden arabischen Verhaltensweise im Rahmen des Kalten Krieges – darf das langsame Tempo des Friedensprozesses seit dem Friedensabkommen mit Ägypten nicht verwundern.

Die paradoxe Bereitschaft Begins, auf den Sinai zu verzichten, hatte jedoch ihre Logik: Aus Begins Sicht war die Rückgabe der Sinai-Halbinsel der Preis für die weitere Besetzung der West-Bank – »Judäa und Samaria« im patriotischen Sprachgebrauch. Deswegen kamen die im Friedensvertrag verankerten Autonomieverhandlungen mit den Palästinensern nicht zustande. Die israelisch-palästinensische Auseinandersetzung wurde in der Folge zum Fokus der militärischen Aktivität Israels, und im Juni 1982, kurz nach Abschluß des Abzugs aus dem Sinai, begann Israel den nächsten Krieg: der *Zahal* drang in den Libanon ein. *Casus belli* war dieses Mal ein Attentat auf den israelischen Botschafter in London. Wie früher scharten sich die Israelis hinter dem gemeinsamen Kriegsziel zusammen – die Abwehr des vom Libanon ausgehenden PLO-Terrorismus. Die alte Belagerungsmentalität konnte nicht überwunden werden. Doch dieser Krieg entwickelte sich anders als gedacht: Zweifel verbreiteten sich infolge der Mitverantwortung Israels für Massaker in palästinensischen Flüchtlingslagern im Libanon, und erstmals stellte sich die Frage nach dem Preis: Mehr als 600 Israelis starben innerhalb von zwei Jahren in den Kriegshandlungen im Libanon. Libanon wurde Israels Vietnam. Dieser Krieg führte zur Diskussion über den Sinn der Begeisterung für kriegerische Auseinandersetzungen überhaupt. Der Rückzug aus dem Libanon im Jahre 1984 war eine logische Folge dieser Diskussionen. Er konnte jedoch erst erfolgen, nachdem die Arbeitspartei wieder Partnerin in einer Koalitionsregierung geworden war. Auf jeden Fall hatte der Libanon-Krieg Entscheidendes bewirkt. Endlich begriff man, daß nicht alle Kriege Israels unausweichlich und von anderen, von außen aufgezwungen sind, als ob man keine andere Wahl gehabt hätte.

Und endlich stellte sich die Frage, ob es wirklich »gut ist, für das Vaterland zu sterben«. Ist es nicht besser, für das Vaterland zu leben? Macht es nicht mehr Sinn, für das Land zu leben? Ja, lebt man denn überhaupt für das Vaterland? Lebt man nicht vielmehr für sich selbst und für einen kleinen Kreis von Mitmenschen?

Und nicht weniger bedeutend waren die Fragen nach Alternativen, die an die Stelle des Krieges treten könnten. Hatte es vielleicht auch in der Vergangenheit alternative Möglichkeiten gegeben? Für die Mehrheit in Israel und somit auch für die Regierung Yitzchak Shamirs erübrigten sich allerdings diese kritischen Fragen der Gesellschaft.

Den Anfang des Libanon-Krieges erlebte ich als Zivilist in Jerusalem. Er brachte für die Studenten, für meine Studenten, die als Reservisten eingezogen wurden, Studienausfall und vielerlei Störungen des alltäglichen Lebens mit sich. Nicht untypisch war ein begabter Magisterstudent, der aufgrund seiner erschütternden Erfahrungen im Libanon sein Studium aufgab, um Handwerker zu werden. Ende 1982 ging ich für ein Jahr zu einem Forschungsaufenthalt nach Deutschland, wo sich mir wieder die Distanz bot, die mich noch kritischer gegenüber der militärischen Denkweise in Israel werden ließ. Mein Sohn war inzwischen 12 Jahre alt, und meine Hoffnung aus der Zeit des Friedenschlusses mit Ägypten, daß er nicht mehr Soldat zu sein brauchte, schien nicht mehr realistisch zu sein.

Seit dem Libanon-Krieg bestand die Hauptaufgabe des *Zahal* nicht mehr in der Vorbereitung auf einen konventionellen Krieg, sondern in der Kontrolle der West-Bank und des Gaza-Streifens. Der Alltag der israelischen Soldaten wurde hauptsächlich vom Dienst in den besetzten Gebieten geprägt. Daß der nächste Krieg, in den Israel verwickelt wurde, die Form eines Aufstandes, einer *Intifada*, in den besetzten Gebieten hatte, war das logische Ergebnis. Spätestens zu diesem Zeitpunkt zeigte sich, daß in der israelischen Politik der Konfrontationskurs – unabhängig von neuen Entwicklungen – zum Grundelement geworden war. Auch wurde deutlich, daß das Militär eigentlich zu einer Art Besatzungspolizei degradiert wurde. Die Aufständler warfen Steine, und der stolze israelische Soldat bediente sich der neuesten Waffe – der *Chazazit*, einer »Kieselstein-Kanone«. Da mußte auch der extremste Verehrer des Militärs nachdenklich werden.

Auf dem Hintergrund dieses absurden Theaters geschah, was ich mir nicht zu erleben gewünscht hatte: 1989 wurde mein Sohn zum Militär eingezogen, und schon während seiner Grundausbildung bei den Fallschirmjägern in einem Militärlager in der West-Bank nahm er am Militäralltag, d. h. an den Patrouillen durch arabische Dörfer, teil. Die Situation erschien noch absurder, als sie ohnehin schon war, denn zur gleichen Zeit kündete der Fall des Eisernen Vorhangs, der Fall der Berliner Mauer, von einer neuen Zeit – doch der israelische Krieg gegen die *Intifada* ging weiter, als ob nichts geschehen wäre.

Das Ende des Kalten Krieges stellte Israel dennoch vor eine neue Herausforderung: Der Golfkrieg von 1991 war der nächste Krieg, in den Israel verwickelt wurde, ein Krieg, der von den Vereinigten Staaten unter Beteiligung der meisten arabischen Staaten geführt wurde – darunter auch Staaten, die sich noch im Kriegszustand mit Israel befanden. Diesmal war Israels Militär so hilflos, daß es nicht einmal in der Lage war, das Leben seiner Soldaten jenseits der Grenze aufs Spiel zu setzen. irakische *Scud*-Raketen fielen auf Tel Aviv, und der stolze israelische Soldat mußte zusehen und auf den amerikanischen Sieg im Irak warten. Hätte das israelische Militär eingegriffen, wie manche Hitzköpfe verlangten, – es wäre eine nutzlose und teure Intervention geworden.



Diesen Krieg erlebte ich wiederum als Zivilist, und wieder aus sicherer Entfernung. Umsonst machte sich mein Sohn, der Soldat, in seinem Bunker Sorgen um seine Eltern – Jerusalem war kein Ziel der *Scud*-Raketen, weil der Irak das Leben der arabischen Bevölkerung in Ost-Jerusalem nicht gefährden wollte. Erneut ein Paradox: Die Nähe zum arabischen Ost-Jerusalem war gewissermaßen unsere Lebensversicherung.

Die Verlierer in diesem Krieg waren nicht nur der Irak, sondern auch Israel und die PLO. Ebenso wie 1973 war es der Rückschlag, der auf dem Hintergrund der Hegemonie der Vereinigten Staaten das Tor für den Frieden öffnete: Yitzchak Shamir ging widerwillig zur Friedenskonferenz 1991 nach Madrid, verlor die Wahlen 1992 und machte so den Weg frei für die größte Revolution im israelischen Denken. Ausgerechnet der ehemalige Generalstabschef Yitzhak Rabin, der Sieger von 1967, hatte es begriffen: Es gibt tatsächlich pragmatische Alternativen zum Krieg.

1992 hatte mein Sohn seinen dreijährigen Militärdienst beendet. Ich selbst wurde 1994 im Alter von 51 Jahren, wie es üblich ist, vom Reservepflichtdienst befreit. Mein Optimismus wuchs: Im kommenden Frieden braucht niemand mehr für mich zu kämpfen oder für mich zu sterben. Am 4. November 1995 erschoß Ygal Amir – ein Produkt der bellizistischen Tradition – den israelischen Ministerpräsidenten Rabin. Am 29. Mai 1996 optierte eine Mehrheit der jüdischen Israelis für den Weg der Konfrontation, der Verewigung des Krieges, indem sie in demokratischen Wahlen Benjamin Netanyahu zum Ministerpräsidenten wählten. Auch den nächsten Krieg werde ich als Zivilist erleben. Bis dahin führe ich einen privaten Kleinkrieg: Ich muß mich vor Gericht gegen einen ehemaligen General verteidigen, der meine Meinung zum Thema Militär und Krieg als Verleumdung empfindet.

## *Moshe Zuckermann*

### *Über soldatische Gewaltmenschen und Kinder*

*In memoriam Peter Eisler und Chilmi Shousha*



Der Staat Israel ist im Jahre 1948 gegründet worden. Im selben Jahr sind meine Eltern, polnische Holocaust-Überlebende, die sich nach dem Krieg in Zeilsheim bei Frankfurt am Main kennengelernt und geheiratet haben, ins Land eingewandert. Ein Jahr später wurde ich, weitere vier Jahre später meine Schwester geboren. Im Jahre 1960 wanderte unsere Familie nach Deutschland aus und ließ sich in Frankfurt nieder. Dort lebte ich bis 1970, dem Jahr, an dem ich – damals noch Zionist – nach Israel zurückkehrte. Meine Schwester folgte zwei Jahre später. Meine Eltern blieben in Deutschland. Inzwischen liegt meine Mutter, im Jahre 1987 gestorben, in Israel begraben. Mein Vater lebt in Deutschland.

Im Jahre 1996 ist das elfjährige palästinensische Kind Chilmi Shousha von einem jüdischen Siedler erschlagen worden. Das mag den Ausgangspunkt für folgende Reflexionen abgeben.

»Was kann ich ihm bescheiden, womit soll das Kind gesegnet sein? – fragte der Engel«, heißt es in einem berühmten israelischen Lied aus der Zeit nach dem Sechstagekrieg. *Leben* – so geht es aus den weiteren Zeilen des Liedes hervor – war eine der dem Engel zur Verfügung stehenden Möglichkeiten der Segnung. Aber es gibt ja keine Engel. Und auch der Glaube, der sich immer noch mit dem letzten Rest seiner neurotischen Kraft um ein Anzeichen für Gottes Existenz bemüht, wird angesichts einer nicht abbrechen wollenden Katastrophengeschichte der Menschheit zunehmend schwieriger und komplexer – besonders dann, wenn sich jene Form mörderischen Grauens ereignet, das die Entfremdung des Menschen von seinesgleichen gleichsam auf die Spitze der Barbarei zu treiben scheint: die Begegnung von soldatischen Gewaltmenschen und Kindern.

Ein israelisch-jüdischer soldatischer Gewaltmensch hat ein palästinensisches Kind ermordet. Das heißt, nicht ermordet, sondern nur »getötet«. Man muß in seiner Wortwahl vorsichtig sein: in einer Gesellschaft, in der der Schock vor dem eigentlichen Grauen sich stets schwächer ausnimmt als die narzißtische Entrüstung über die Worte, die für seine Beschreibung gewählt werden, wird der Aufschrei wahren Entsetzens leicht zum Anlaß für eine Leumundsklage. Und bis sich die Sache nicht vor Gericht geklärt hat, muß man es sich verkneifen, den mörderischen Gewaltmenschen als solchen und sein Opfer als Ermordeten zu apostrophieren. Gewiß ist, daß das Kind mittlerweile nicht mehr am Leben ist und daß der, der vorerst nicht »mörderischer Gewaltmensch« genannt werden darf, irgendwie an seinem Ableben beteiligt ist; fürs erste jedenfalls hat sich das Ereignis »Ein israelisch-jüdischer soldatischer Gewaltmensch hat ein palästinensisches Kind ermordet« nicht zugetragen (und man wird möglicherweise noch entscheiden, daß es sich *überhaupt* nicht zugetragen hat). Was ist dennoch geschehen? Der eingereichten Anklageschrift zufolge hat der Angeklagte das Kind bei einer Verfolgungsjagd von Steine werfenden Kindern zu packen gekriegt, schlug es und trat gegen seinen Kopf. Nachdem das Kind zu Boden gefallen war, trat der Angeklagte auf seinen Hals und schlug mit dem Kolben seiner Pistole auf sein Haupt ein. Die Anklage behauptet, diese Schläge hätten einen Riß an der Ader des Rückgrats mit einer nachfolgenden tödlichen Blutung verursacht. Die Richterin, die veranlaßte, daß der Angeklagte bis zur Beendigung des Verfahrens in Gewahrsam genommen wird, stellte fest, daß sich in der Anklageschrift das Bild einer den Tod des Kindes zeitigenden »schweren, grausamen Gewalttätigkeit unter Kontrollverlust« abzeichne. Sie hob darüber hinaus hervor, daß der Angeklagte sich nicht damit begnügt hätte, das Kind zu schnappen und es bei den Behörden abzuliefern, sondern »das Gesetz in die eigene Hand genommen und das Kind, auch dann noch, als es bereits hilflos am Boden lag, brutal geschlagen« habe.

Dabei ist der Zionismus für Kinder empfindlich. So sehr empfindlich, daß er sie zum Argument erhoben hat. Man mag sich in diesem Zusammenhang an die Worte von Sarit Fuchs, einer bekannten israelischen Publizistin, erinnern, die in den Tagen des zweiten Golf-Krieges schrieb: »Die obsessive Wiederholung des Holocaust-Grauens begann, als ich in der Volksschule bei den alljährlichen Holocaust-Gedenkfeiern deklamierte: ›Die ersten, die zur Vernichtung geschickt wurden, waren die Kleinkinder!‹ Eine nie enden wollende Wiederholung. Die Lehrerin Abigail, die mich für die alljährliche Deklamation vorbereitete, pflegte von mir zu verlangen, daß ich – beim Wort ›Kleinkinder‹ angelangt – meine Stimme zu einem Aufschrei bzw. Wimmern erheben möge.« Ein Aufschrei bzw. Wimmern im Auftrag der Autorität, wie denn das staatlich-offizielle Aufschreien und Wimmern überhaupt, ist seinem Wesen nach ideologisch: Es entsorgt den authentischen Schmerz, das erbarmende Mitleid, das den wahren Opfern entgegengebracht wird, und verwandelt sie *mutatis mutandis* in eine aktuell verdinglichte Furcht, die sich nahtlos in eine selbstgefällig gepflegte Ideologie der Gewalt einfügt. Je mehr sich nun der Zionismus selber als Opfer begreift (und darstellt), während er *de facto* eine Realität mörderischer Gewalt perpetuiert, verleugnet er diejenigen, in deren Namen er als Opfer aufzutreten vorgibt: die wirklichen Opfer. Eine solche (der israelischen politischen Kultur nur zu gut bekannte) Instrumentalisierung des Andenkens der Opfer kontaminiert letztlich die Opfer-Wirklichkeit und verzerrt sie bis zur Unkenntlichkeit: denn wenn das Opfer – als »Opfer« – in ein legitimes Mittel zur Rechtfertigung von Taten des Henkers verwandelt wird, richtet sich die Beurteilung des Verhältnisses zwischen dem mörderischen Gewaltmenschen und seinem Opfer nicht mehr nach dem, was abgeschafft werden soll (nämlich Opfer von mörderischen Gewaltmenschen), sondern vollzieht sich nur noch in Begriffen einer möglichen Apologie derer, die die zionistische öffentliche Meinung stets eiligst in Schutz zu nehmen pflegt, wann immer sie als das benannt werden, was sie in Wirklichkeit sind (nämlich mörderische soldatische Gewaltmenschen).

Nichts konnte jenen Knesset-Abgeordneten von der Regierungskoalition, der während der Parlamentssitzung aufbrüllte, schuld seien die Eltern, die ihre Kinder anhalten, Steine zu werfen, so in Rage versetzen wie die Notwendigkeit, das nötige Entsetzen aufzubringen, um sich mit der Opfer-Wirklichkeit eines elfjährigen Kindes, das an seinem Kopf geschlagen und getreten, zu Boden geworfen und tödlich verletzt wird, auseinanderzusetzen. Nicht die »schwere, grausame Gewalttätigkeit unter Kontrollverlust«, die zum Tode des Kindes geführt hatte, brachte ihn aus der Fassung; auch nicht die Ohnmacht des am Boden liegenden, unter den Stiefeln des Gewaltmenschen zappelnden Kindes. Das schrille Gebrüll des Parlamentariers galt ganz und gar der Schuldzuweisung für das Geschehene – wobei die Schuld (ganz im Sinne der ihm eigenen ideologischen Tradition) nicht am mörderischen Gewaltmenschen, sondern gerade an dessen Opfer (insofern es kein Jude ist) haften bleibt. Der Zionismus, der niemals imstande war, das ohnmächtige Dasein der Opfer in den Vernichtungslagern wesenhaft zu begreifen, vermochte es nicht, die moralische Dimension der Opfer-Perspektive – Objekt seiner ideologischen Verachtung – ethisch zu verinnerlichen, sondern blieb stets an der äußeren Schale der »Opfer«-Ideologie stecken, einer Schale, die ihm von Anbeginn als propagandistischer Panzer der zu wahrenden »nationalen Standfestigkeit«, zuzeiten aber auch als konzeptuelle Matrix für die Apologie der in seinem Rahmen und Namen zuweilen vollführten mörderischen Gewalttaten diente. Man mag da in der Tat über die Worte des arabischen Knesset-Abgeordneten nachdenken, der jegliche Rechtfertigung für die Ermordung eines Kindes – prinzipiell! –

ablehnte und aufschrie: »Ihr habt ja euer menschliches Antlitz verloren!«

Die Okkupation korrumpiert, sagt man hier, und viele in der israelischen Bevölkerung sind darob unglücklich. Das Problem ist, daß es nie ganz klar wird, was sie eigentlich unglücklich macht: die Verletzung ihres selbstgefälligen Eigenbildes, des kollektiven Narzißmus, oder halt doch die Tatsache, daß »unsere« Korruption »sie« – die Palästinenser – zu Opfern macht, um nicht zu sagen: tötet. Beide Faktoren lassen sich letztlich nicht auseinanderhalten: denn nur ein wirklich freies Dasein vermöchte es, das Böse der Okkupation als ein seinem Wesen Zuwiderlaufendes zu erfahren; da aber die mögliche Kristallisierung freiheitlichen Bewußtseins die Liquidierung der Okkupation zur notwendigen Bedingung hat, kann man unter den Bedingungen einer anhaltenden Okkupation im Grunde gar nicht erwarten, daß die Erschütterung darüber, was die Okkupation »uns« antut, nicht unweigerlich mit einer gehörigen Portion an moralisierender Selbstgefälligkeit einhergehe. Das ist vermutlich einer der Hauptgründe dafür, daß das Grauen der Ermordung eines palästinensischen Kindes durch einen israelisch-jüdischen Gewaltmenschen jene Unglücklichen nie wirklich dazu veranlaßt, das Andenken der jüdischen Opfer *adäquat* zu instrumentalisieren, sich des »Kindes aus dem Holocaust« zu erinnern und seine Erinnerung durch einen rigorosen Kampf für eine Realität zu ehren, in der es keine israelisch-jüdischen soldatischen Gewaltmenschen mehr geben könnte; statt dessen neigen sie dazu, weiterhin zu schießen und zu heulen, bzw. zu heulen und Kerzen anzuzünden, bzw. Kerzen anzuzünden und religiös zu werden.



Im Jahre 1990 beendete der israelische Historiker und Publizist Shabtai Tevet eine Reportage über seinen Besuch in Auschwitz mit folgenden Worten: »Mir geht das Bild des Koffers eines jüdischen Kleinkindes nicht aus dem Kopf, auf den bei der Ankunft in Auschwitz mit weißer Farbe geschrieben wurde: ›Peter Eisler, Kind, geboren am 20. 3. 1942‹. Er liegt auf dem Kofferberg in Auschwitz ohne Vermerk darüber, daß er einem jüdischen Kind gehört hat. Ich bin nicht bereit, auf Peter Eisler zu verzichten, weder zugunsten der Menschheit noch zugunsten Polens. Er gehört uns und muß unser bleiben. Es gibt keine Kraft auf der Welt, die ihn uns entreißen könnte. Wie alle Holocaust-Opfer sind auch die 1 500 000 in Auschwitz umgekommenen Juden und ihr Andenken Bestandteil *unseres* nationalen Erbes und nicht des Erbes irgendeines anderen Volkes.« Gewaltige Worte, wie man zugeben muß. Und dennoch kommt es ganz darauf an, wie man die Sache betrachten will. Da wir den kleinen Peter Eisler nie mehr werden fragen können, wie er erinnert werden möchte, sind mindestens zwei Möglichkeiten denkbar: Wir können ihn in der Tat »unserem nationalen Erbe« einverleiben, jenem Erbe, das im gegenwärtigen Jahrhundert einen Staat errichtet hat, der – unter anderen beachtlichen Leistungen – seit nunmehr über 30 Jahren ein brutales Okkupationsregime aufrechterhält, das zuweilen allerlei israelisch-jüdische Gewaltmenschen hervorbringt, unter ihnen auch solche, die manchmal Kinder im Alter von Peter Eisler töten. Wir können aber Peter Eisler gerade dem kleinen Chilmi Shousha beigesellen und beide der grauenerregenden Unzahl von Kindern in der Geschichte hinzufügen, denen kein volles Leben beschieden war, und uns dabei erinnernd bewußt werden, daß dies vor allem infolge von Unterdrückung und Gewalt, Hunger und Rassismus, sadistischer Grausamkeit, infernalischer Mordlust und anderen Untaten von vielerlei Gewaltmenschen geschah (und geschehen durfte), unter ihnen auch israelisch-jüdischen Gewaltmenschen. Denn auch solche hat gerade »unser *nationales* Erbe« zuhauf hervorgebracht.

Der arabisch-israelische Konflikt entzieht sich vulgärer Schwarz-Weiß-Beurteilung. Zu viel rechter Anspruch hat sich mittlerweile auf beiden Seiten mit großem, teils barbarischem Unrecht vermengt. Und dennoch liegt hier keine Symmetrie vor: Nicht nur hat sich historisch die jüdisch-zionistische Selbstbestimmung, die nach dem Grauen des Holocaust einen kaum noch hinterfragbaren Impetus gewann, auf dem Rücken der Palästinenser vollzogen, sondern – weitaus gravierender für eine mögliche *aktuelle* Annäherung zwischen beiden Seiten – es ist nun mal Israel, das ein Jahrzehnte währendes Okkuptionsregime errichtet hat; es ist Israel, das sich der Selbstbestimmung der Palästinenser rigoros widersetzt; es ist Israel, das die militärisch-territorialen Resultate des Sechstagekrieges, teils mythisch-religiös, teils expansionsideologisch verklärt, kanonisiert und verfestigt hat; und es ist dementsprechend zunächst einmal Israel, das den Teufelskreis der Gewalt wenn nicht beherrscht, so doch weitgehend bestimmt. Das hat nicht nur mit moralischer Buchhaltung zu tun, sondern auch mit dem Ideologisierungsmuster des israelischen Selbstverständnisses, einem kollektiv-psychischen Zug, mit dem man sich wird auch dann noch herumschlagen müssen, wenn die Feindseligkeiten einst beigelegt sein werden.

Konnte man von Israel erwarten, daß es den Holocaust aufgrund einer in der Opfer-Perspektive wurzelnden ethischen Gedenkmatrix erinnert? Wohl kaum. Zu sehr bedurfte es bei der Staatsgründung der optimistischen Kollektivwerte heroischer Wehrhaftigkeit und konstruktiven Pioniergeistes, als daß man der von Untergang, Tod, Leiden und Ohnmacht gezeichneten psychischen Katastrophenwelt der Holocaust-Überlebenden hätte empathisch begegnen, geschweige denn sie akzeptieren können. Darum geht es aber auch nicht. Die viel gravierendere Frage ist nämlich, was es damit auf sich hat, daß der Holocaust späterhin in der staatlich-offiziellen Sphäre ständig heteronom ideologisiert und instrumentalisiert wurde, und zwar so sehr, daß die israelische Holocaust-Erinnerung zuweilen den der Opfer-Perspektive diametral entgegengesetzten Wertekosmos annehmen mochte. Vieles spielt da mit herein. Eines scheint gleichwohl den Ausschlag gegeben zu haben: Entgegen der gängigen Meinung waren der Zionismus und der Holocaust schlechterdings nicht miteinander vereinbar. Denn während der Zionismus den Holocaust nur im Hinblick auf seine eigenen Ziele hin teleologisieren konnte (ihn gleichsam »zionisieren« mußte), hatte die weltgeschichtliche Katastrophe (der sogenannte »Zivilisationsbruch«) zunächst mal mit (dem zur damaligen Zeit noch gar nicht existierenden) Israel nichts zu tun. Der Holocaust verwies *nicht* auf Israel; Israel hat sich den Holocaust »angeeignet«. Dabei wollte bzw. konnte es aber nicht die gesamtzivilisatorische Dimension der Katastrophe samt der ihr verschwisterten universellen »Lehren« begreifen; zu sehr war es auf die im nationalen Ethos wurzelnden partikularen »Lehren« ausgerichtet. Dem Zionismus konnte also der Holocaust lediglich als ultimativer Beweis für das Recht seiner Forderung gelten, die Diaspora zu negieren. Der Holocaust war seine *raison d'être*, seine überlebenden Subjekte lediglich ein nationales Argument. Dabei spielt es zunächst eine eher untergeordnete Rolle, daß ein Teil der Überlebenden nicht nur bereit war, sich für eine solche ideologische Funktion vereinnahmen zu lassen, sondern die Logik dieser Ideologie eigens für sich in Anspruch nahm. Gravierend ist in diesem Zusammenhang, daß die heteronome Instrumentalisierung des weltgeschichtlichen Ereignisses bedeutende Folgen für die allmähliche Kristallisierung der politischen Kultur Israels bzw. der ihr zugrundeliegenden ethischen Grundlage hatte.

Hat das etwas mit der Erschlagung des elfjährigen Chilmi Shousha durch einen soldatischen Gewaltmenschen in Israel zu tun? Das hängt wohl ganz davon ab, was man mit dieser Frage bezweckt. Eines darf man aber gewiß behaupten: Wenn in diesem Land die Verbindung des einen mit dem anderen fünfzig Jahre nach der Gründung des Staates nicht mehr als selbstverständlich gilt, wenn die Assoziation nicht mehr unmittelbar aufkommt, und zwar nicht als Vergleich, sondern als eine allgegenwärtige moralische Maxime; wenn darüber hinaus die rassistische Unterscheidung zwischen jüdischem und nicht-jüdischem Blut, zwischen jüdischen und nicht-jüdischen Kinderleben gemacht wird – dann darf man sich zumindest fragen, ob Israels (politische) Kultur, die in vielem, möglicherweise allzu vielem auf die Holocaust-Erinnerung zurückgreift, das Wesen des Holocaust je begriffen, seine Opfer je wirklich erinnert hat. Ob das dann noch *mein* Israel sein kann, ist eine weitere, ernsthaft zu bedenkende Frage.

## *Gabriel Motzkin*

*Ein imaginärer Ort*



Mein Israel ist ein imaginärer Ort. Die Menschen, die dort leben, sind lange tot. Wenn ich in dem Land bin, spüre ich die Gegenwart dessen, was war – nicht die des Altertums, sondern die der letzten achtzig Jahre: Gerüche und Gefühle, die uns noch umgeben, auch wenn sie langsam schwächer werden.
Ich bin hier geboren, aber anderswo aufgewachsen, in Los Angeles nämlich. In Los Angeles kann man keine Vergangenheit spüren, vergangene Jahre sind meilenweit entfernt. Man glaubt, es habe sich kaum etwas verändert, eben weil die Vergangenheit so vollständig verschwunden ist. Nur Kinofilme können uns in Erinnerung rufen, wie sie vielleicht ausgesehen haben könnte, aber so ganz genau wissen wir das nicht mehr, weil wir nicht gemerkt haben, wie sie uns entglitt. In Israel dagegen ist die Vergangenheit ganz nahe: der Unterschied zwischen dem, was kürzlich war, und dem, was jetzt ist, läßt sich noch spüren. Jeder weiß, wie sich das Land verändert hat (obwohl kein Film die Veränderung darstellen kann), deshalb kann man das gewesene Israel noch mit dem jetzigen Israel vergleichen.

Ich war ein Kind von Israelis, die mir und meinen Brüdern immer sagten, daß wir nächstes Jahr in unser Heimatland zurückkehren würden. Ich wuchs auf mit dem Wissen, daß ich ein Israeli war. Als ich sieben Jahre alt war, weigerte ich mich, zu tun, was jedes amerikanische Schulkind täglich tut, nämlich der amerikanischen Fahne Treue zu geloben. Ich stand statt dessen nur schweigend stramm. Ich ahnte schon, was Staatsbürgerschaft bedeutet. Mein Großvater war aktiver Zionist gewesen, deshalb konnte ich keine scharfe Trennungslinie ziehen zwischen meiner Zugehörigkeit zu einer Familie und meiner Zugehörigkeit zu diesem Staat Israel. Trotzdem war mein Staat ein imaginärer Ort, weil ich nicht dort lebte. Aus diesem Grunde wurde er mir lieb und teuer. Meine Loyalität im Exil galt aber nicht dem jüdischen Volk, sondern dem jüdischen Staat. Jahre später schien es mir ganz natürlich, daß ich für drei Jahre nach Israel zurückkehrte, nur um meinen Militärdienst in der Armee zu leisten: Ich trachtete danach, dem Staat zu dienen.

Ich hatte nie viel Sympathie für diejenigen unserer Vorfahren, die die Besiedlung des Landes für das Wesentliche hielten, also für die sogenannten praktischen Zionisten. Ich konnte aber auch nicht behaupten, ein »kultureller« Zionist zu sein: die hebräische Kultur interessiert mich nicht sonderlich. Ich fühle mich auch nicht besonders zu der sozialistischen Gleichheitsidee hingezogen, die die israelische Gesellschaft noch heute prägt. Für mich war es hingegen stets von entscheidender Bedeutung, die politische Autonomie des jüdischen Volkes zu sichern, seine Möglichkeit, eigene historische Entscheidungen zu fällen, egal ob gute oder schlechte. Ich gebe zu, daß solch ein begrenzter politischer Zionismus eng und beengend sein kann, aber er hat mein Idealbild von Israel in einer ähnlichen Weise gefärbt, wie es für viele Zionisten in der Diaspora gilt. Und diese Art von politischem Zionismus war auch ein wichtiges Element in dem Gemisch von Einstellungen, die zur Schaffung dieses Staates und seiner Gesellschaft beitrugen.

Als ich 1967 nach Israel zurückkehrte, um in der Armee zu dienen, passierte etwas Sonderbares. Ich wurde aufgefordert, mich einem wöchentlich tagenden politischen Diskussionsclub anzuschließen, der (mit meiner Ausnahme) aus lauter Männern und Frauen bestand, die über siebzig waren. Ich war zweiundzwanzig. Vielleicht war meine vorübergehende Zugehörigkeit zu dieser Gruppe ganz passend, denn mein Israel war ein Israel, wie es eine ältere Generation sich gedacht hatte, nicht das idealisierte Israel meiner Altersgenossen. Vor dem idealen Israel der Jugendbewegungen hatte es ein ideales Israel kosmopolitischer Intellektueller gegeben, einen Staat, geschaffen für *Déracinés*, die ihre Bindungen an eine größere Welt nicht aufgeben mochten. Die jüdische Geschichte in unserem Jahrhundert ist gekennzeichnet von der Spannung zwischen Universalismus und Partikularismus, zwischen dem Blick nach draußen und der Wendung nach innen. Die Frage war, wie man beides zugleich pflegen konnte. Die Tradition, der ich angehöre, hat immer das Kosmopolitische innerhalb unseres nationalen Kontexts betonen wollen. Das kommt vielleicht daher, daß die intellektuellen Wurzeln dieser Tradition auf die säkularisierten russisch-jüdischen Intellektuellen vom Beginn dieses Jahrhunderts zurückgehen.

Die Mitglieder meiner Diskussionsgruppe kamen sämtlich aus zionistischen Familien. Viele von ihnen hatten während der Mandatszeit und in den ersten Jahren des Staates eine bedeutende Rolle gespielt. Aber keiner von ihnen war hier geboren oder aufgewachsen. Sie hatten kurz vor und nach dem Ersten Weltkrieg an englischen, französischen und deutschen Universitäten studiert. Und das Europa, das sie verkörperten, atmete für den jungen Beobachter die liberale Vergangenheit der Zwischenkriegszeit, in der so viele geglaubt hatten, daß eine auf internationalem Recht beruhende neue Weltordnung das europäische Gleichgewicht der Kräfte ersetzen könne. Sie waren keine blauäugigen Idealisten, sondern vielmehr Menschen, die sich dafür eingesetzt hatten, daß sowohl der nationale Kampf des jüdischen Volkes vor der Staatsgründung als auch der Staat selbst, den zu schaffen sie geholfen hatten, durch das Ideal und die Herrschaft des Rechts charakterisiert sein würde. Recht und Gesetz waren für sie keine Utopie, sondern die gegenwärtige Anwendung der Prinzipien von Gerechtigkeit im wirklichen Leben.

Sie konnten sich an die Zeit vor dem Ersten Weltkrieg erinnern.

Der pensionierte Richter am Obersten Gerichtshof ergötzte uns noch mit Histörchen aus seinem Studium des Osmanischen Rechts im kaiserlichen Konstantinopel. Jetzt, im Rückblick, sehe ich, wie sehr sie von der Kultur des britischen Mandats beeinflußt waren, unter dem sie ihre aktivsten Jahre verbracht hatten. Das Ergebnis des Sechstagekriegs von 1967 bot ihnen die Gelegenheit, ihre alte Bekanntschaft mit den palästinensischen Kollegen zu erneuern, die der entsprechenden palästinensischen Elite angehört hatten; sie waren mit palästinensischen Intellektuellen so gut bekannt gewesen, wie es heutzutage in Israel sehr selten ist. In der Mandatszeit befanden sich säkulare jüdische und arabische Eliten in einer gemeinsamen, ähnlichen Position gegenüber der herrschenden Macht, den Briten. Die Mitglieder meines Diskussionsclubs stammten überwiegend aus russisch-jüdischen zionistischen Familien, nicht aus Deutschland. Ihre Familien hatten der ersten zionistischen Generation angehört. Sie waren, wie ich, als Zionisten in der Diaspora aufgewachsen. Ihre Eltern hatten als Studenten das zaristische Rußland verlassen, um an westlichen Universitäten zu studieren, wo sie dem ständigen russischen Antisemitismus nicht mehr ausgesetzt wären. Sie waren dann im Westen geblieben; dort waren ihre Kinder geboren worden, die irgendwo zwischen der russischen Kultur ihrer Eltern, der westeuropäischen Kultur, die sie in der Schule und an der Universität in sich aufnehmen, und dem Sog der neuen jüdischen Besiedelung Palästinas aufwuchsen. Diese Kinder gehörten dann zu den frühen Einwanderern – und sie waren wichtig für die entstehende jüdische Gesellschaft in Palästina, denn sie vereinten in sich bereits die unterschiedlichen Denkweisen der osteuropäischen und der westeuropäischen jüdischen Erfahrung. Sie verstanden Deutsch, aber ihre eigentlichen Sprachen waren Russisch, Französisch und Englisch. Ihrem Verhalten nach schienen sie einer Art besserer Gesellschaft anzugehören, aber wenn ich so zurückblicke, weiß ich eigentlich nicht, ob das die Merkmale der gesellschaftlichen Klasse waren, aus der sie stammten, oder ob es Überbleibsel der Kultur von vor 1914 waren, also einfach eine andere Art, sich zu geben, eine Mischung aus ungemütlicher Geradlinigkeit, Strenge und einer leicht großspurig wirkenden

Steifheit, die meine Generation nicht mehr kennt. Sie spiegelten eine kosmopolitische Welt, in der bei der Herausbildung der Eliten amerikanische Werte keine Rolle gespielt hatten.

Ich habe oft über den sicher befremdlichen Wechsel von Europa nach Israel nachgedacht, darüber, daß Männer (und Frauen), die an Cuts gewöhnt gewesen waren, nun offene Hemden und kurze Hosen anzogen. Allerdings sind unsere nachträglichen Vorstellungen bestimmt nicht vollkommen korrekt – wenn wir uns alte Fotos aus der Zeit vor 1948 ansehen, sehen wir, daß ein großer Teil der Menschen sich noch auf eine halbwegs konventionelle, europäische Art kleidete. Und vielleicht waren gerade diese Jahre gleich nach der Gründung des Staates seine »authentischsten«: als die sozialistische Partei die Staatswürde geerbt hatte, als der Kibbuz als Kraftquell für den israelischen Sieg im härtesten unserer Kriege, dem um die Unabhängigkeit, idealisiert wurde. Die zionistische Gründergeneration war noch sowohl nationalistisch als auch kosmopolitisch gewesen. Man kann diese Mischung von Nationalismus und Weltbürgertum noch beobachten – allerdings überraschenderweise nicht bei der Bourgeoisie, sondern vielmehr bei den Intellektuellen, den übriggebliebenen Kindern des alten Sozialismus – so als wären unsere Intellektuellen die Erben einer idealisierten Arbeiterklasse, die aber in Israel nie wirklich existiert hat.



Israel ist ein Land mit einer einzigartigen Beziehung zur Vergangenheit. Diese Einzigartigkeit mag aus der besonderen Wechselwirkung zwischen biblischer Geschichte und Geschichte in der Diaspora herrühren, aber ich denke noch an etwas Konkreteres und Faßbareres, nämlich das Gefühl, daß die Vergangenheit niemals begraben werden kann. Unsere Spiritualität ist gekennzeichnet von der Vorstellung, daß wir von einer unsichtbaren Vergangenheit umfangen sind. In unserer neueren Geschichte hat jede Generation ihre eigene Geschichte erlebt, und die der Generation unserer Eltern ist bereits sehr weit entfernt: In der jüdischen Geschichte hat sich in unserem Jahrhundert mehr verändert als in irgendeinem anderen Jahrhundert der Neuzeit. Trotzdem haben wir ein enges Verhältnis zu dieser so weit entfernten und zeitlich doch so nahen Vergangenheit. Es scheint, als sei das ganze Land beteiligt an einem kollektiven Drama, das man »lebendige Archäologie« nennen könnte. Eben weil 1918 so weit weg ist, ist die Vergangenheit auch gegenwärtig. Die Vergangenheit lebt als nicht erfahrene Erinnerung fort, und sie ist uns eben deshalb unheimlich: weil sie als lebendige Erinnerung ohne Erfahrung gegenwärtig ist. Israelis kennen die Geschichte ihres Landes sehr gut, aber sie kleiden das Gespräch darüber oft in das Gewand der privaten Familiengeschichte. Und doch kann keine öffentliche Diskussion die offizielle (oder auch die revidierte) Geschichte des Volkes und die vielen privaten Geschichten, die noch lebendig sind, zusammenbringen.

Es ist in den letzten Jahren viel Aufhebens gemacht worden von einer neuen Generation linker, postzionistischer Historiker, die damit beschäftigt sind, die Mythen in den Geschichtslegenden aufzuzeigen, die sie in der Schule kennengelernt haben. Ich kann nicht beurteilen, welche Wahrheit in ihrer Forschung steckt oder ob sie tendenziös ist, denn ich habe die Quellen nicht studiert, aber ich kann sagen, welchen Eindruck diejenigen jungen Historiker auf mich gemacht haben, die ich kennengelernt habe. Wie so viele Linke sind sie sehr israelische Israelis, urbane Ausprägungen eines bestimmten »coolen«, nach rückwärts gewandten Kibbuzstils, manchmal ziemlich soigniert und oft sehr scharfsinnig. Und sehr verschieden von den Menschen, die zur Zeit in landwirtschaftlichen Siedlungen leben und die sich ihren Farmen im Laufe der Generationen immer mehr anverwandelt haben.

Die junge oder auch die weniger junge Linke in Israel hat noch einen Charakterzug, der bemerkenswert scheint und der sie scharf unterscheidet von der nationalreligiösen Rechten. Diese Rechten sind trotz der Bedrohung durch diejenigen, die noch strenggläubiger sind, voller Selbstverstrauen und betrachten sich oft selbst als Erben der nationalen Tradition, vor allem des kraftstrotzenden Zionismus. Sie haben sich den Geist der Jugendbewegung bewahrt, aber dabei haben sie ihre »Halacha«, d.h. die Lektüre der Weltliteratur und marxistischer Kommentare, wie sie die historische linke Jugendbewegung pflegte, ersetzt durch die Interpretation jüdischer religiöser Texte.

Die Nachfolger der alten Linksintellektuellen dagegen wirken oft zugleich verletzlich und verletzt. Das hat nur wenig mit dem Verschwinden des Kommunismus zu tun. Es ist mehr eine Folge ihres Unvermögens, sich auf der Grundlage der überlieferten linken zionistisch-sozialistischen Ideologie mit dem Israel nach 1967 zu arrangieren, das durch die Okkupation der eroberten Gebiete definiert ist. Sie haben sich auf die Betrachtung ihrer Ursprünge zurückgezogen und nicht gemerkt, daß sie inzwischen längst eine andere gesellschaftliche Rolle haben. Es sind mittlerweile nämlich allein die linken Intellektuellen, die versuchen, Ästhetik und Politik miteinander zu versöhnen; während im Europa des frühen zwanzigsten Jahrhunderts auch die Rechten für den Gedanken standen, Kunst (nämlich Kultur) und Politik zusammenzubringen. Vielleicht ist der Grund für diesen linken Ästhetizismus im Bedürfnis nach Rückzug in die Vergangenheit (und sei es eine aufgearbeitete) angesichts einer unerquicklichen Gegenwart zu suchen. Vielleicht ist er auch nur die Folge der traditionellen Hochgesinntheit und des Interesses an Kultur im israelischen Sozialismus. Jedenfalls ist diese israelische Linke urban, sie ist kosmopolitisch, und selbstbewußt weist sie die westliche Massenkultur von sich, die die israelischen Massenmedien durchdringt. Darin unterscheidet sie sich natürlich nicht sehr von der europäischen Intelligentsia. Aber in Anbetracht der Ungewöhnlichkeit der israelischen Geschichte ist diese rückwärts gewandte Normalisierung der israelischen Intellektuellen doch bemerkenswert.

In der israelischen Gegenwart gibt es zwei große Konflikte: den nationalen mit den Palästinensern und den religiösen unter den Juden selbst. Den nationalen Konflikt verstehen die Israelis sehr gut, denn sie betrachten die Palästinenser mehr und mehr als eine ähnliche, wenn auch konkurrierende Gruppe. Den innerreligiösen Konflikt dagegen verstehen sie gar nicht. Was ihnen beim Übergang von Europa nach Palästina verlorengegangen ist, war nicht die säkulare europäische Kultur, wohl aber die liberale jüdische Religiosität – die hat die Reise nicht überstanden. Dies ist eine Folge des politischen Zionismus, der im Gegensatz zum praktischen Zionismus die gründliche Säkularisierung des jüdischen Volkes anstrebte und sich nicht an religiöse Traditionen gebunden fühlte. Die alten Sozialisten hegten noch eine gewisse Sympathie für religiöse Traditionen, aber die alte zionistische Führungsriege stand dem, was sie als Hindernis für die Staatwerdung des jüdischen Volkes betrachtete, durchweg feindselig gegenüber. Bis heute herrscht in Israel eine große Feindseligkeit gegenüber den Orthodoxen – weniger von seiten der Reformjuden als vielmehr infolge eines radikalen Antiklerikalismus, wie man ihn zum Beispiel auch in allen katholischen Ländern findet.

Ich weiß nicht, wie man die Konflikte, die die Gegenwart beherrschen, lösen könnte. Aber ich habe im Laufe meines Lebens festgestellt, daß meine sonderbare Auffassung von der israelischen Geschichte dem heutigen Israel immer ähnlicher geworden ist. Nicht, weil ich meine Ansichten geändert hätte, sondern weil das Unvermögen des Sozialismus, sich zu behaupten, säkulare Intellektuelle in eine Position gezwungen hat, die der des politischen Zionismus sehr ähnlich ist. Auch sie sind der Kultur des heutigen Israel entfremdet, und die Entfremdung zwingt sie zur Entwicklung eines nationalen Kosmopolitismus. Es ist paradox, daß dieser politische Zionismus ursprünglich eine Position war, die nur in der Diaspora vertreten werden konnte, weil er den Zionismus derjenigen darstellte, die zwar einen Staat wollten, aber gar nicht unbedingt eine andere Gesellschaft oder Kultur als die, die ihnen vertraut war. Dieser politische Zionismus ist in Israel wiedergeboren worden – als Antwort auf das ungelöste Problem der Beziehung zwischen »Kirche« und Staat. Das andere ungelöste Problem ist die Konzeption des Staates selbst, also der Charakter der Beziehung zwischen Staat und Gesellschaft. Diejenigen, die eine »postzionistische« Position vertreten, sind der Diaspora näher, als sie ahnen, denn sie haben erneut die Frage nach dem Verhältnis von Nationalismus und Kosmopolitismus gestellt.

*Aus dem Englischen von Ilse Strasmann*

## ***Dan Diner***
## *Was bleibt?*

Platos Höhlengleichnis steht für verschobene Abbildung als Form von Erkennen wie Erkenntnis. Eli Löbels politisches Leben steht für eine verschobene Biographie Israels. Und sie mündet in einen Satz der Erkenntnis von dialektischer, befreiender Wucht. Eli Löbel formulierte nämlich, wie nebenbei, einen Satz, der auf das gesamte israelische Legitimitäts-Dilemma auflösend zu antworten weiß. Da heißt es: »Nur wer das zionistische Projekt fortsetzen will, ist auch gezwungen, seine Vergangenheit zu rechtfertigen.«

Eli Löbels politische Biographie brach gleichzeitig mit so vielen anderen ab. Für ihn bedeutete dieses Ende freilich auch den selbstgewählten Tod. (Wie übrigens auch für Nicos Poulanzas, den gleichfalls in Paris lebenden griechischen Staatstheoretiker marxistischer Observanz.) Es war im Herbst des Jahres 1979. Spätestens damals war deutlich geworden, daß die in den späten 60er Jahren angestoßene, revolutionär anmutende Welle eine Simulation, eine Inszenierung von längst Vergangenem gewesen war – jedenfalls in den Zentren dessen, was man damals als »Imperialismus« zu kennzeichnen gewohnt war. Sicher, für Inszenierungen revolutionärer Vergangenheiten und Imaginationen war Grund genug. Allein der Vietnam-Krieg warf Material zur Genüge ab. Der Protest war berechtigt. Seine Selbstdeutung falsch.

Eli Löbel repräsentierte einen revolutionären Typus, der in den Metropolen des Protestes ungewöhnlich war. In den späten dreißiger Jahren war er als Heranwachsender mit seinen Eltern den Nazis aus Berlin nach Palästina ausgewichen. In Tel Aviv, in städtischem Milieu, war er dem Shomer Hatzair beigetreten, um später den Kibbutz Nirim mitzubegründen. Seine Freunde von früher haben über ihn nur Positives zu berichten. Seine Gradlinigkeit wird herausgestellt; seine argumentative Schärfe. Sie wird ihm zum Verhängnis, als er anläßlich der Prozesse in Prag Anfang der 50er nicht verstehen will, warum die Sowjetunion, die doch angeblich immer im Recht sei, dies nun nicht sein soll, weil und wenn es sich – wie in der Verhandlung gegen Oren und Orenstein – um eine, wenn auch verdeckte, jüdische Angelegenheit handelt. Er wird aus dem Kibbutz ausgeschlossen. Sein Weg führt ihn nach Paris.

Die Emigration nach Paris war so etwas wie eine Rückkehr. Eli Löbel hat sich dort bereits zuvor aufgehalten, in einer recht ungewöhnlichen und für das israelische Gedächtnis hoch besetzten Zeit. Eli Löbel war nämlich kurz *vor* dem Krieg 1948 zum Studium nach Paris ausgezogen. Diese Diachronie von privater und kollektiver Biographie führte ihn im Jahre 1949 als Journalist in den Gazastreifen. Aus dem Blickwinkel der arabischen Vertriebenen und Flüchtlinge erkannte er seinen Kibbutz Nirim. Der Titel seines Beitrages: »Mein Heim – jenseits der Grenze.« *(biti – mi ever ha gvul).*

Im Paris der 50er verkörpert Eli Löbel eine Tendenz in der Linken, die höchst ungewöhnlich ist. Schließlich kommt er in die Hauptstadt des 19. Jahrhunderts aus einem Land, dessen Zeit wie außerhalb sonst geltender Zählungen steht. Dieses Israel ist nicht in Europa, aber doch von Europa. Und seine brennende nationale Frage kommt einher in kolonialer Gestalt. Zudem wird sie von einem scholastisch gehaltenen und hegemonialen Diskurs von Sozialismus verdeckt. Und all dies zu einer Zeit, als der wesentliche Einschnitt europäischer Geschichte – Nazismus und Massenvernichtung – in einen Grauschleier antifaschistischer Vergessenheit gehüllt wird. Vor seinem Tode brach sich eben diese Vergangenheit in Eli Löbel Bahn.

Bevor die mit dem Jahre 1949 vergessen gemachte Palästina-Frage sich 1967 wieder zu Wort meldete, war Eli Löbel als Ökonom mit Fragen einer Welt befaßt, die sich später revolutionstheoretisch und geschichtsphilosophisch als die »Dritte« aufspreizen sollte. Mit Charles Bettelheim, dem marxistischen Ökonomen, hat er am ersten Fünfjahresplan der kubanischen Revolution mitgewirkt, um sich dann mit Che Guervara zu überwerfen. Es ging um die leidige Frage des Primats der Schwerindustrie. Von einem solchen Primat war Eli Löbel nicht überzeugt. Zudem war er im Rahmen der Vereinten Nationen und des Internationalen Währungsfonds tätig. Der Aufbau der indischen Nationalbank war ebenso seine Sache geworden wie die Leitung der Zentralbank von Mali.



In den 60er Jahren war Eli Löbel vornehmlich in Schwarzafrika aktiv – und gemessen an der damaligen israelischen Politik auf jenem Kontinent gleichsam auf der anderen Seite. Wegen seiner gemeinsam mit dem früheren Gründer der ägyptischen kommunistischen Partei – Henri Curiel – betriebenen Unterstützung für die algerische FLN entzog er sich den französischen Behörden durch Flucht nach Schwarzafrika. Mit dem Mai 1968 schien die Revolution wieder in ihr Mutterland eingekehrt. Vor allem aber der Vektor zweier Einschnitte – die zeitliche Nähe ebenso wie die Entgegensetzung der Daten 1967 und 1968 – sollten das weitere Leben Eli Löbels bestimmen: Revolution und Palästinafrage.

Das Profil der radikalen israelischen Linken, für die Eli Löbel stand, ist von Diachronien und historischen Ungleichzeitigkeiten durchzogen. *Matzpen* – 1962 gegründet – war eine neue Linke *vor* der »Neuen Linken«. Alle Fragen, die die »Neue Linke« später global bewegen sollten, hatten sich der besonderen Konstellation israelischer Existenz wegen – jenseits geltender Zeit und jenseits geltenden Raumes – wie in einem Treibhaus vorgeprägt. So war *Matzpen* antisowjetisch allein schon deshalb, weil Moskau das Hinschlachten der irakischen Kommunisten aus geopolitischem Kalkül hinnahm. *Matzpen* stand den Kommunisten kritisch gegenüber, weil Fidel Castro und nicht die kubanische kommunistische Partei sich der Revolution annahm. Und *Matzpen* war antibürokratisch, weil die Histadrut Arbeitgeber- und Arbeitnehmerinteressen vereinte – und dies auf Kosten der Autonomie der letzteren. Und von noch einem war damals – weit *vor* 1967 – die Rede gewesen; von etwas, das es im Unterschied zu allem anderen wirklich wert ist, aufbewahrt zu werden im Gedächtnis: Die Forderung nämlich nach Anerkennung der Palästinenser, nach einem palästinensischen Staat und dem Verständnis vom Konflikt als einem Zusammenstoß zwischen indigener Bevölkerung und Ansiedlern. Hier handelte es sich in der Tat um ein Problem, dem der Charakter eines Sonderfalls – zumindest eines ganz besonders ungewöhnlichen Falles von Recht, Gerechtigkeit und Ausgleich zukam: Eine koloniale Frage, der alle Male eines nationalen Konflikts eingeschrieben waren. Vor allem aber ein Problem, dessen Dramatik sich nicht mit einem luftigem Versprechen von Sozalismus gleichsam auf das Ende aller Tage verschieben ließ.

Eli Löbel gehörte der *Israca* an – der Auslandsorganisation von *Matzpen*. Die Namensgebung simulierte Revolutionsromantik und hatte etwas von jener Inszenierung an sich, von der das Jahrzehnt nach 1968 voll war. Das Akronym von *Israeli Revolutionary Action Committee Abroad* spielte nicht zufällig und vom Klang her an auf die bolschewistische *Iscra* = »Funke«; russische sozialistische Exilzeitschrift, 1900–05, bis 1903 Organ Lenins (Anm. d. Lektorats). Rückblickend handelte es sich bei der *Israca* weit eher um eine Organisation, die sich um die Verbreitung von Informationen über von Israel in den besetzten Gebieten begangenen Verletzungen von Menschenrechten verdient gemacht hatte, als um den sozialrevolutionären Umsturz. Ihre Stärke lag aber vor allem darin, eine durchaus realitätsgerechte Interpretation des Konflikts mitgeliefert zu haben, die sich nach und nach allenthalben durchgesetzt hat – weltweit und nicht zuletzt auch in Israel.

Von wem bleibt schon ein Begriff, ein Bild, ein Gedanke, ein Satz? Ein einziger währender Satz ist sehr viel. Vor allem dann, wenn es sich dabei um einen Satz handelt, der eine geradezu dialektische Auflösung anbietet für all jene Phänomene, die sich zu einem nicht enden wollenden Konflikt verklumpen. Jener Satz Eli Löbels – »Nur wer das zionistische Unternehmen fortsetzen will, ist auch gezwungen, seine Vergangenheit zu rechtfertigen« – bringt schier alles auf den Punkt, was die israelische Gesellschaft bewegt und letztendlich auch die praktische Politik antreibt: Die Frage nämlich nach der Legitimation des Gemeinwesens, die Frage nach dem Wohin und ihre Anbindung an das Woher. Und dies nach innen wie nach außen.

Seinen diskursiven Ort findet dieser Satz in der Zeit nach 1967 – aber seine Gültigkeit währt fort. Er findet sich in einem längeren Beitrag, den Eli Löbel als Besprechung zu einem Bildband mit Text verfaßte – eine Besprechung zu *Sefer haZanhanim* von Michael Bar-Zohar und Eitan Haber; damals ein Kultbuch des israelischen Selbstverständnisses. Dort wird zentral der Übergang der Einheit *101* unter Ariel Sharon zu den Fallschirmjägern beschrieben und bebildert. In seinem Beitrag geht es Eli Löbel um die Darstellung einer gewissen und an der *frontier* des jüdischen Gemeinwesens sich ausbildenden Gewalt. Diese Gewalt wird von Spezialeinheiten vornehmlich bei Nacht an der Grenze ausgeübt und ist in ihrer Anwendung unterschiedslos – schon, weil sie ihrer nächtlichen Blindheit wegen zwischen Militär und Zivilpersonen nicht zu unterscheiden weiß. Diese Gewalt wird den Streitkräften von den Sondereinheiten gleichsam injiziert und geht als Phänomen auf die israelische Gesellschaft über.

Die Wucht jener dialektischen Auflösung, die versucht, israelische Existenz jenseits zionistischer Legitimation anzusiedeln, ist in der Tat gewaltig. Sie begründet jüdisch-israelische Existenz im Lande jenseits ideologischer Glaubensbekenntnisse von Für und Wider, falscher Gerechtigkeiten und Rechthabereien, die letztendlich einen hintergründigen theologischen Diskurs offenbaren. Der Satz »Nur wer das zionistische Unternehmen fortsetzen will, ist auch gezwungen, seine Vergangenheit zu rechtfertigen« will die Befreiung des israelischen Selbstverständnisses von einer historischen Belastung zur Geltung bringen – einer Belastung, die andere in die Zukunft hinein zu verlängern wünschen. Dieser Satz befreit das israelische Selbstverständnis von einer zwar wirklich gewesenen, inzwischen aber längst überflüssig gewordenen Geltung von Vergangenheit. Denn nur in der Gegenwart ist sowohl Begegnung mit sich selbst als auch mit den anderen, den Palästinensern denkbar. Das Einvernehmen in der Gegenwart ist für Anerkennung Voraussetzung.

Jener Satz Eli Löbels bietet der israelischen Rechten und allen, die ihr in der Legitimationsfrage letztendlich doch zu folgen bereit sind, wirklich Paroli. Schließlich hatte es auf der Rechten zur Begründung der Fortsetzung von Landnahme und Besiedlung doch stets geheißen, wer nicht bereit sei, das zionistische Projekt weiter zu betreiben, verwirke schließlich seinen Anspruch auch auf Israel in den Grenzen von 1948/49; oder: Wer auf Hebron zu verzichten bereit sei, begebe sich des Rechts auf Tel Aviv; oder: Was damals Recht war, kann heute nicht Unrecht sein; oder: Wer A sagt, muß auch B sagen.

In der Tat: Die fortgesetzte Besiedlung des Landes jenseits der »grünen Grenze«, die Landnahme auf Kosten und gegen die Palästinenser, ist in ihrem Kern nichts anderes als ein *Argument* von Legitimation. Freilich ein notwendig handfestes, ein gewaltförmiges, weil unilateral, auf Einseitigkeit fußendes Argument. Das dem früher – vor 1948 – auch so war, mag mit den Maßgaben der Faktizität übereinstimmen – wird aber als Argument gleichsam notwendiger Fortsetzung des Falschen damit noch lange nicht richtig. Zumal dann nicht, wenn der andere, die Palästinenser, durch Anerkennung wiederum die Existenz Ihres Anderen, der Israelis, ratifizieren und damit die zur Vorgeschichte sich verwandelnde Vergangenheit zwar nicht ungeschehen machen können – diese Vergangenheit aber ihrer *politischen* Relevanz verlustig geht. Gegen diese Dialektik der Anerkennung schäumt die israelische Rechte. Ihre Legitimation fließt aus Selbstanerkennung pur – und diese »Anerkennung« ist unilateralistisch und erfolgt auf dem Wege der Interpretation sakraler Schriften, die es obendrein zu materialen Rechtstiteln umzuwidmen gilt. Dieser letztendlich sakralen Legitimation von Selbstanerkennung folgen auch viele jener, die sich säkular dünken. Folgerichtig bekämpfen sie all jene, die in der Gegenwart den Ausgleich suchen. So zerschlägt der Satz Eli Löbels den gordischen Knoten der Legitimitätsfrage in Israel, die den jüdischen Israelis eine gesicherte Perspektive verspricht. Dieser Satz könnte die Bedeutung eines Gründungssatzes für ein Israel der Gegenwart annehmen – der im übrigen einzig möglichen realen Zeit.

***V. Aus***

*Maxim Biller*

## *Maxim Biller*

### *Drei Partien Scheschbesch*

*1.*

Es war schon spät, wahrscheinlich sehr spät. Erst ein paar Stunden vorher waren wir angekommen, es muß Ende Juli, Anfang August gewesen sein, 1977, vielleicht auch ein Jahr danach. Ich weiß nicht mehr genau, ob wir mit dem Bus vom Flughafen in die Stadt gefahren waren oder ob mein Schwager uns mit seinem gelben Fiesta – ich glaube, er fuhr damals noch den Fiesta – abgeholt hatte. Ich kann mich auch nicht mehr daran erinnern, wie meine Schwester mich begrüßte. – Meistens traut sie sich nicht, mir einen Kuß zu geben, und ihr Mund rutscht dann immer an meiner Wange vorbei ins Leere –, ich weiß nicht, in welchem Zimmer wir unsere Sachen abstellten, ich weiß nicht, ob wir zu Hause zu Abend gegessen haben oder ob wir noch alle zusammen rausgegangen sind.

Meine Schwester und ihr Mann wohnten damals in der Arlosoroffstraße, an einer dunklen, engen Kreuzung, mit einer von mehreren Buslinien angefahrenen Haltestelle direkt vor der Haustür und einem bis zwölf Uhr nachts geöffneten Supersol-Markt gegenüber. Es war die Wohnung, in die sie am Tag nach ihrer Hochzeit eingezogen waren, und die sah ich an jenem Abend im Juli oder August 1977 oder 1978 zum ersten Mal, doch

obwohl Rike und ich in dieser Wohnung, mit wenigen Unterbrechungen, die nächsten vier Wochen verbrachten, kann ich mich an sie kaum erinnern. Das einzige, was ich noch ganz deutlich sehe, ist das elektrische Licht, das dort abends war, ein schwaches gelbliches Fünfzigerjahrelicht, das die Wohnung eher verdunkelte, als sie zu erleuchten, und genau dieses Licht war es auch, dessen ovalen Schimmer ich über Rikes Schulter hinweg in der Balkontür betrachtete, während wir nun draußen auf der Terrasse standen. Es war, wie gesagt, schon sehr spät, ich war wohl ziemlich müde vom Flug und dem plötzlichen Klimawechsel, aber solange Rike weinte, mußte ich bei ihr bleiben.
Seit sie vor zehn Minuten, vor einer Viertelstunde oder vielleicht auch schon vor einer halben Stunde auf den Balkon getreten war, mich an der Hand hinter sich herziehend, weinte sie. Sie weinte nicht besonders laut oder leidenschaftlich, aber dafür in immer neuen, regelmäßigen Schüben, sie schluchzte sanft, und die Tränen traten eine nach der andern so deutlich aus ihren Augenwinkeln heraus, als hätte man sie dort hingemalt. Ich konnte nicht verstehen, warum sie weinte, ich begriff nicht, was es für sie hieß, wenn sie sagte, sie fühle sich plötzlich so weit weg von zu Hause und so allein und außerdem kenne sie hier niemanden, aber als ich sie schließlich in die Arme nahm, passierte es genau hier, genau jetzt, mitten in der Nacht, auf diesem vergessenen, baufälligen Balkon von Nord-Tel-Aviv, daß ich zum ersten Mal dachte, all die dunklen Häuser und schlafenden Menschen um mich herum gehören genausowenig hierher wie ich selbst.
Daran kann ich mich ganz genau erinnern, es ist das einzige, was mir von unserem vierwöchigen Aufenthalt wirklich in Erinnerung geblieben ist, sonst sind da nur noch diese zwei endlosen fiebrigen Tage, an denen ich so starkes Zahnweh hatte, daß Rike und ich von morgens bis nachts Scheschbesch spielen mußten, damit ich mich ein wenig von den Schmerzen ablenkte.

*2.*

Ein Jahr später war ich mit Johanna da, und diesmal ist die Erinnerung viel klarer. Niemand mochte Johanna – meine Schwe-

ster hielt sie für arrogant, mein Schwager für eine linke Antisemitin, und meine Freunde aus Herzlia ignorierten sie von dem Moment an, als sie sie das erste Mal sahen. Ich selbst haßte sie vor allem dafür, daß es mit ihr im Bett nur Probleme gab, sie kam nie, aber sie wollte es jedesmal von neuem mit Gewalt erzwingen, und dadurch wurde ich auch nicht lockerer. Einmal machten wir es in der alten Jugendherberge in Tiberias, oben, auf einem von diesen wackeligen Hochbetten, mindestens eine Stunde lang, ein anderes Mal schliefen wir miteinander in Netanya, im Meer, zehn Meter vom Strand entfernt, und später probierten wir es eines Nachts sogar in einem Bunker, hoch im Norden, in einem Kibbuz bei Kiryat Schmonah, und dabei hörten wir die Geschützfeuer aus dem Südlibanon. Am Ende unserer Reise mußte ich sie nur berühren – und schon war es bei mir vorbei.
Johanna konnte nicht stillsitzen. Ich selbst wäre lieber, so wie jedes Jahr, die meiste Zeit über in Tel Aviv geblieben, ich hätte gern die Tage am Strand verbracht und die Abende auf der Dizengoff, aber das reichte ihr nicht, und so holten wir schon bald aus unseren großen orangefarbenen Rucksäcken die kleinen grünen Rucksäcke heraus, wir setzten uns unsere Armyshop-Sonnenhüte auf und nahmen ein Scherut zum alten Busbahnhof. Am Bahnhof roch es nach Süßigkeiten, nach verbranntem Fleisch und faulem Gemüse, aus jeder Ecke kam eine andere Musik, und die kreuz und quer parkenden Busse, zwischen denen man sich durchkämpfen mußte, fuhren meist ohne Vorwarnung los – nur wenn man Glück hatte, drückte der Fahrer vorher auf die Hupe. Natürlich wußte Johanna genau, wie unsere Tour aussehen würde, sie hatte vorher schon mit Hilfe ihres Reiseführers einen Plan gemacht, aber warum soll ich nicht einfach lügen und sagen, wir entschieden uns – gemeinsam – erst im allerletzten Moment? Dann sähe ich uns jetzt dabei, wie wir langsam die einzelnen Bahnsteige abgehen, wie wir, jeder für sich, die Namen der Zielorte von den gelbroten Egged-Schildern ablesen und uns zwischendrin immer wieder stumm ansehen, so lange, bis wir, noch immer ohne ein Wort, gleichzeitig und wie ferngelenkt vor einer Plattform stehenbleiben – denn der Bus, der

hier mit laufendem Motor wartet, das wissen wir, wird uns genau dort hinbringen, wo wir beide sein wollen …

Auf den Golanhöhen sah ich rote Erde und zerschossene Straßenschilder, am Kinneret schleppte sie mich nach Kapernaum. Auf Masada wurde ich vor Hitze kurz ohnmächtig, in Jerusalem stand ich barfuß im Felsendom, und in Nueba am Roten Meer badete ich das erste Mal in meinem Leben nackt. Wir übernachteten in Zfad in einer Wohnung, in der ein alter Mann oder eine alte Frau im Zimmer neben uns die ganze Nacht lang auf und ab ging, Möbel hin und her rückte und mit den Fingernägeln an unserer Tür kratzte. Wir machten eine Exkursion durch die Sinaiwüste, sechs Tage und sechs Nächte immer nur im Jeep oder im Schlafsack im Sand, und bis auf den Zwischenfall mit den ägyptischen Grenzsoldaten, die uns nicht glauben wollten, wir hätten uns nur zufällig auf ihr Gebiet verirrt, vor allem, nachdem sie meinen sowjetischen Paß gesehen hatten, lief alles ganz gut – außer vielleicht, daß ich mitten in der Nacht den Berg Sinai zu Fuß hinaufsteigen mußte, wegen des Sonnenaufgangs, wie Johanna sagte, und auch, daß ein paar Tage nach unserer Rückkehr aus der Wüste überall auf unseren Körpern kleine Eiterwunden aufplatzten, von innen, ohne äußere Einwirkung, so als wäre unser Blut plötzlich verfault. Dann war da noch Gaza – ja, Gaza –, wo sie unbedingt hinwollte und wo ich, während wir durch die Stadt liefen, immer nur, blind vor Angst, daran dachte, daß der letzte Bus zurück aus den Gebieten um vier Uhr nachmittags ging. Zum Schluß saßen wir in einem Café direkt neben der Haltestelle, ich kontrollierte mit einem Auge die Straße, mit dem andern sah ich den Männern an den Nebentischen dabei zu, wie sie Scheschbesch spielten, und als sie mich schließlich einluden mitzumachen, sagte ich, warum auch immer, ja. Wie froh war ich dann, als der Bus endlich kam, denn ich gewann von Anfang an jedes Spiel, und obwohl ich alles mögliche tat, um zu verlieren, gelang es mir kein einziges Mal.

Es gibt ein Foto von Johanna und mir, das ein Straßenfotograf im Gaza von uns gemacht hat. Er benutzte eine uralte Plattenkamera und bräunliches Barytpapier, und vielleicht sehen wir deshalb darauf beide ein bißchen so aus wie zwei Forschungsreisende aus dem letzten Jahrhundert – ich mit Nickelbrille, dichten langen Locken und Bart, sie, die dunklen Haare hochgesteckt, so streng und unbarmherzig, wie man es als Frau eben sein muß, wenn man in einer fremden, feindseligen Gegend überleben will. Fünfzehn Jahre später gab es dann wieder ein Foto, diesmal allein von Johanna. Ich entdeckte es in der *Frankfurter Rundschau*, kurz vor einer Kommunalwahl. Johanna – sie unterrichtete inzwischen an der Universität Literatur – war Spitzenkandidatin der Grünen geworden, und sie sah noch genau so aus wie auf dem letzten Bild, das ich von ihr in der Hand gehabt hatte.

*3.*

Meine Schwester lebt schon lange nicht mehr in Israel. Warum, weiß ich nicht genau, ich dachte, sie hätte sich dort wohl gefühlt, jedenfalls besser als an vielen anderen Orten der Welt, wo sie später gewesen ist. Sie und ihr Mann hatten Arbeit, sie mochten ihre Freunde und wohnten fast immer in den angenehmsten, ruhigsten Gegenden des Landes, meistens ganz nah am Wasser, dort, wo der Meereswind eine Wohnung im Sommer Tag und Nacht wie ein riesiger Ventilator kühlt. Wahrscheinlich ist sie wegen ihrer beiden Söhne weggegangen, denke ich, wahrscheinlich wollte sie auf keinen Fall, daß sie in die Armee kommen, aber sicher bin ich mir nicht, denn wir haben noch nie darüber gesprochen.

Die Wohnung in der Schalagstraße, die Charlotte und ich in den letzten Jahren im Sommer immer gemietet haben, ist nicht mehr so, wie sie war. Früher gab es dort ein Schlafzimmer mit einem einfachen Doppelbett, zwei abgegriffenen Holzstühlen und einem großen unauffälligen Einbauschrank aus altmodischem, dunkelbraun gebeiztem Naturholz, es gab eine kleine Küche, in der ich immer meine Auberginennudeln machte oder, wenn es nicht ganz so heiß war, Borschtsch, und dann war da noch das Wohnzimmer, ein großer, leerer Raum, in dem nur ein kleines schmales Sofa stand und ein – wahrscheinlich vom Eigentümer selbst – weißlackiertes Sideboard für den Fernseher und den Plattenspieler, dessen Nadel natürlich abgebrochen war. Immer, wenn ich nachts auf dem Sofa lag und über Satellit deutsche Programme sah, während Charlotte schon längst ins Bett gegangen war, spiegelte sich das orangeblaue Licht des Fernsehbildschirms in der riesigen Fläche des glänzenden Fußbodens, es kroch von Fliese zu Fliese bis zur Veranda vor, wo es sich mit dem nächtlichen Grün des kleinen Parks vor unseren Fenstern vereinigte. Dahinter, dachte ich wie früher schon so oft, in der Dunkelheit, schlafen sie, all diese Menschen, die nicht wissen, daß ihre Zeit in dieser Gegend bereits wieder abzulaufen beginnt.

Die Bücher, die Charlotte und ich immer dabeihatten, ließen wir am Ende der Ferien meistens da, wir waren, nachdem wir sie ausgelesen hatten, zu faul, sie wieder mit uns zurück nach Deutschland zu schleppen – also verstauten wir sie im Sideboard, genau unter dem Fernseher, und wenn wir ein Jahr später wiederkamen, standen sie jedesmal noch dort. Seit die Wohnung renoviert wurde, sind sie weg. Alles ist weg, das Sideboard, der kaputte Plattenspieler, die schöne alte Küche, und vor allem ist diese windumwehte und sonnendurchflutete Großzügigkeit verschwunden, die wir an der Schalagstraße so geliebt hatten, die Wohnung ist jetzt vollgestellt mit häßlichen, bauchigen, modernen Möbeln, alles ist rosa, türkisblau und grün, aber das kann uns egal sein, denn wir werden zusammen ohnehin nie mehr hinfahren.



Von der Schalagstraße waren es nur ein paar Schritte zum Meer. Meistens gingen wir die ersten zehn, zwanzig Meter auf unserer Seite der Straße, die so tief zum Strand hin abfiel, daß sie uns wie eine Rutsche vorkam, auf der man direkt ins Wasser gleiten konnte. Kurz vor der Kreuzung wechselten wir herüber, bei der großen, Tag und Nacht pausenlos befahrenen Hayarkonstraße, und dann standen wir oft zwei, drei Minuten bei Rot an der nervtötendsten Ampel der Welt. Sprang sie endlich auf grün um, liefen wir so schnell wie möglich herüber, aber manchmal vergaßen wir, uns zu beeilen und gerieten zwischen die bereits wieder anfahrenden Autos. Endlich drüben, verschwanden wir sofort im Ramada-Hotel, wo Benny meistens zur selben Zeit wie wir mit seiner Familie Ferien machte. Seine Frau war mit den Kindern dann immer schon unten am Strand, aber er saß noch verschlafen in der Lobby, mit einem großen Glas Milch vor sich und einem

Teller mit Blintzes und Quark, und dann bestellte er dasselbe für uns, und so dauerte es oft noch ziemlich lange, bis wir endlich am Strand ankamen. Dort blieben wir so lange, bis die Sonne sich langsam braun zu verfärben begann, bis sie immer größer und schwerer wurde, so daß sie sich nicht mehr oben halten konnte. Es wurde plötzlich ganz ruhig am Strand, man hörte nur das Klacken der Matkotbälle und ab und zu den Motor einer vorbeirauschenden Marinepatrouille, und dann setzte sich Charlotte zu mir auf meine Liege, sie zog das Scheschbesch-Brett aus ihrer Strandtasche, umarmte mich und sagte: »Ein Spiel – eins machen wir noch ...«

Charlotte könnte inzwischen, wenn sie wollte, jederzeit den israelischen Paß kriegen. Sie könnte in Israel leben, sie könnte dort arbeiten, sie könnte dort jemanden kennenlernen, sie könnte dort unser Kind großziehen. Vielleicht macht sie das eines Tages sogar auch. Ich, das weiß ich genau, werde immer in Deutschland bleiben, denn es gibt Orte, die sind für die Gegenwart da, und es gibt Orte, die sind für die Erinnerung. Ich habe mich, was das angeht, schon lange entschieden. Charlotte weiß noch nicht, was sie tun wird, aber eine Entscheidung hat sie trotzdem auch schon getroffen, vor kurzem, in New York, bei einem Beth Din, an einem Tisch mit drei jungen lachenden Rabbinern. Es war, hat sie erzählt, damals ein kalter greller windiger Frühlingstag gewesen, ein richtiger Tag zum Verrücktwerden.

## *Anhang*

### *Über die Autorinnen und Autoren*

*Wolf Biermann,* geboren 1936 in Hamburg, Liedermacher, Dichter und Schriftsteller, wechselte 1953 in die DDR, von der er 1976 ausgebürgert wurde. Biermann lebt heute in Hamburg. 

*Maxim Biller,* geboren 1960 in Prag, lebt seit 1970 in Deutschland. Schriftsteller und Journalist. Zuletzt erschien sein Erzählband *Land der Väter und Verräter* (1994).

*Detlev Claussen*, geboren 1948 in Hamburg, ist Professor für Gesellschaftstheorie, Kultur- und Wissenschaftssoziologie an der Universität Hannover. Im Fischer Taschenbuch Verlag erschien: *Grenzen der Aufklärung* (1987, Neuauflage 1994, Bd. 12238).

*Dan Diner,* geboren 1946, ist Professor an der Universität GHS Essen und an der Universität Tel Aviv und vielfacher Buchautor. Im Fischer Taschenbuch Verlag erschien unter anderem: *Ist der Nationalsozialismus Geschichte?* (Bd. 4391).

*Ralph Giordano,* geboren 1923 in Hamburg, lebt als Schriftsteller und Journalist in Köln. Im Fischer Taschenbuch Verlag erschien 1982 sein großes Werk *Die Bertinis* (Bd. 5961); außerdem veröffentlichte er u. a.: *Die zweite Schuld oder: Von der Last, ein Deutscher zu sein* (1987) und *Israel, um Himmels Willen, Israel* (1991).

*Susannah Heschel* ist Professorin für Judaistik am Dartmouth College, Hanover, in New Hampshire, USA.

*Jakob Hessing,* geboren 1944 im deutsch besetzten Polen, wuchs in West-Berlin auf und ging 1964 nach Israel, wo er als Professor für deutsche Literatur an der Hebräischen Universität Jerusalem lehrt.

*Stefan Heym,* geboren 1913 in Chemnitz, lebt als freier Schriftsteller in Berlin. 1994 wurde er als Abgeordneter der PDS in den Deutschen Bundestag gewählt, aus dem er 1995 aus Altersgründen ausschied. Im Fischer Taschenbuch Verlag erschienen unter anderem: *Ahasver* (Bd. 5331), *Auf Sand gebaut* (Bd. 11270), *Der bittere Lorbeer* (Bd. 10673), *Collin* (Bd. 5024), *Einmischung* (Bd. 10792), *Der Fall Glasenapp* (Bd. 2007), 5 *Tage im Juni* (Bd. 1813), *Filz* (Bd. 12010), *Der König David Bericht* (Bd. 1508), *Lenz oder die Freiheit* (Bd. 11132), *Nachruf* (Bd. 9549), *Reden an den Feind* (Bd. 9250), *Schwarzenberg* (Bd. 5999).

*Peter Stephan Jungk,* geboren 1952 in Santa Monica / Kalifornien, lebt als freier Schriftsteller in Paris. Im Fischer Taschenbuch Verlag erschien unter anderem seine Biographie *Franz Werfel – eine Lebensgeschichte* (Bd. 10181).

*Nadja Klinger,* geboren 1965, lebt als freie Journalistin in Berlin und schreibt für die *ZEIT*, die *Berliner Zeitung,* den *Freitag* und, als regelmäßige Kolumnistin, für die *taz.* 1997 erschien von ihr: *Ich ziehe einen Kreis* (Alexander Fest Verlag, Berlin).

*Cilly Kugelmann,* geboren 1947 in Frankfurt / Main, arbeitet im dortigen Jüdischen Museum.

*Friedrich-Wilhelm Marquardt,* geboren 1928 in Eberswalde, war bis zu seiner Emeritierung 1997 Professor für systematische (evangelische) Theologie an der Freien Universität Berlin.

*Gabriel Motzkin* ist Professor für Philosophie, Literatur und Geschichte und leitet das *Franz-Rosenzweig-Zentrum für deutsch-jüdische Geschichte und Kultur* in Jerusalem.

*Peggy Parnass,* Vater Pole, Mutter halb Portugiesin, Bruder Engländer. Peggy Schwedin. Kindheit in Hamburg, Stockholm, London. Danach wieder Stockholm, Hamburg, Paris. Beide Eltern, Großeltern und über hundert andere Verwandte in Treblinka und Auschwitz ermordet. Lebt als Reporterin, Kolumnistin, Autorin und Schauspielerin in Hamburg. Reportagebücher: *Prozesse 1970–1978* (16. Auflage), *Unter die Haut* (10. Auflage), *Kleine radikale Minderheit* (vergriffen), *Süchtig nach Leben* (3. Auflage), *Mut und Leidenschaft* (2. Auflage).



*Julius H. Schoeps,* geboren 1942 in Djursholm / Schweden, ist Historiker und leitet das Moses-Mendelssohn-Zentrum für europäisch-jüdische Studien an der Universität Potsdam. Er war Gastprofessor u. a. in Tel Aviv, New York, Seattle und Budapest. Zahlreiche Veröffentlichungen.

*Valentin Senger,* geboren 1918 in Frankfurt / Main, war nach dem Zweiten Weltkrieg Journalist und bis zu seiner Pensionierung Redakteur beim Hessischen Rundfunk / Fernsehen, verantwortlich für Wirtschaft und Sozialpolitik. Er starb im Sommer 1997. Im Fischer Taschenbuch Verlag erschienen: *Die Buchsweilers* (Bd. 11382), *Das Frauenbad* (Bd. 13008).

*Dorothee Sölle,* geboren 1929 in Köln, war von 1975 bis 1987 Professorin am Union Theological Seminary, New York. Seit 1960 ist sie als theologische Schriftstellerin tätig. Zahlreiche Veröffentlichungen.

*Michael Walzer,* geboren 1937 in New York, gilt als wichtigster Theoretiker einer liberalen Linken in den USA. Seit 1980 lehrt er am Institute of Advanced Study der School of Social Science in Princeton, New Jersey. Im Fischer Taschenbuch Verlag erschienen: *Zweifel und Einmischung. Gesellschaftskritik im 20. Jahrhundert* (Bd. 13613), *Kritik und Gemeinsinn. Drei Wege der Gesellschaftskritik* (Bd. 11704), *Exodus und Revolution* (Bd. 11835), *Zivile Gesellschaft und amerikanische Demokratie* (Bd. 13077).

*Markus Wolf,* geboren 1923 in Hechingen / Hohenzollern, war von 1952 bis 1986 Chef der Auslandsspionage des Ministeriums für Staatssicherheit der DDR. Er lebt als freier Schriftsteller in Berlin. Veröffentlichungen u. a.: *Troika* (1989), *In eigenem Auftrag. Bekenntnisse und Einsichten* (1991), *Spionagechef im geheimen Krieg. Erinnerungen* (1997).



*Moshe Zimmermann,* geboren 1943 in Jerusalem, ist Professor für Geschichte an der Hebrew University of Jerusalem, Israel.

*Moshe Zuckermann,* geboren 1949, lehrt an der Tel-Aviv-University, Israel, Geschichte und Philosophie der Sozial- und Kulturwissenschaften.

### *Bibliographische Notiz*

Das Gedicht »David und Goliath« von Wolf Biermann erschien erstmals auf der CD »Süßes Leben – saures Leben«. Der Abdruck erfolgt mit freundlicher Genehmigung des Autors.

Die Geschichte »Jerusholayim die heilige Stadt und wie ich hab meine Handtasche dort verloren« von Stefan Heym wurde erstmals 1997 in Stefan Heyms Buch »Immer sind die Weiber weg« veröffentlicht, das im Marion von Schröder Verlag, Düsseldorf erschien. Der Abdruck erfolgt mit freundlicher Genehmigung des Marion von Schröder- / ECON-Verlags, Düsseldorf.

Der Text »Dieses Jahr in Jerusalem« von Nadja Klinger erschien erstmals am 8. 10. 1997 in der *tageszeitung*. Der Abdruck erfolgt mit freundlicher Genehmigung der Autorin.